歴史資源としての城・城下町

宮間純一◉編

岩田書院ブックレット
H-30
［歴史考古学系］

岩田書院

装幀◉渡辺将史

はしがき

歴史資源の価値がいま改めて問われている。本書でいう歴史資源とは、古文書・公文書・古典籍などの文献資料、建造物・寺社・史跡などの文化財といった過去の人びとの営みによって蓄積されてきた共有財産と呼ぶべきものを広く指す。日本の場合、近世以降の歴史資源の大部分は、国や自治体に保護されないまま民間に伝わってきた。今日、それらの多くは消失の危機に直面している。

高度経済成長期以降、地域社会の弱体化が進み、二一世紀に入ると「地方消滅」すら現実のものとなった。現在は事態がより一層深刻化し、地域で歴史資源を保有してきた「イエ」が資料を維持できなくなっている。また、保存・活用を草の根で支えてきた「郷土史家」も目に見えて減少してきた。資料の受け皿として期待される博物館・資料館・文書館・図書館などの資料保存利用施設は、予算・人員を削減され、収蔵スペースも飽和状態であることが珍しくなくなっている。学芸員や司書・アーキビストらの賢明の努力にもかかわらず、刻一刻と歴史資源が散逸しつつある。

その一方で歴史資源に対する期待は高まっており、活用をめぐる議論は多方面で活気づいているが、その方向性は大きく二つに分かれている。一つは、地域社会の足どりを示す歴史資源から「郷土史」を再構築し、地域のアイデンティティを再生・存立させようとする動きである。戦後の学界で一度は忌避された「郷土史」を再評価し、歴史資源に基づいた「確かな歴史」を地域の持続に活かそうとする志向は、歴史学・アーカイブズ学・図書館情報学などの諸分野にかかわる研究者や専門職らを中心に推進されてきた。もう一つは、歴史資源を観光資源として利用しようとする政治・行政を主な担い手とした動向である。観光資源として有用だと認識された一部の歴史資料は、地域振興の名のもとに利用され、地域社会の集合的記憶が学術研究とは異なる次元で創成されようとしている。

こうした二つの潮流は、必ずしも相容れない。前者は後者に対して、保存よりも文化財の消費を優先していること、観光資源としての力を発揮しえない歴史資源は保護されないことなどを批判する。反対に後者は、目に見える利益を生み出さない前者の保存・活用のあり方には懐疑的な態度をとってきた。専門職である学芸員らは両者の間で葛藤している。今日まで伝わった歴史資源をきちんと未来へ継承しつつ、現在・将来の社会にそれらをいかに還元しうるのか、歴史資源の保存・活用に携わる私たちは、いま正面から問いかけられているのである。

本書は、以上のような状況認識にたって、房総半島の佐倉(佐倉市)、館山(館山市)、関宿(野田市)、久留里(君津市)をフィールドとし、歴史資源とは何であるのか、という本質的な問題を、具体的な事例から考えようと試みる。対象とする四つの地域は、地域のシンボルである城や城下町を、歴史資源として活用した地域振興を模索してきた。編者をのぞく本書の執筆者は、これらの自治体の博物館・資料館・公民館、および自治体史編さん室、文化財担当部署で歴史資源の保存・活用に携わってきた研究者であり、実践者である。

ただし、本書は単に実践例を紹介することを目的に編んだわけではない。地域の人びとの城をめぐる視線、地域社会における城下町としての歴史意識の形成過程を探り、現在行われている城や城下町を柱とした歴史資源の保存・活用事業を深く理解した上で、現状を見直すことをねらいとしている。本書が、今日まったなしとなっている社会的な課題を乗り越えてゆくための一助となれば幸いである。

二〇二〇年十一月

宮間　純一

歴史資源としての城・城下町　目次

Ⅲ　城・城下町を歴史資源として活用する

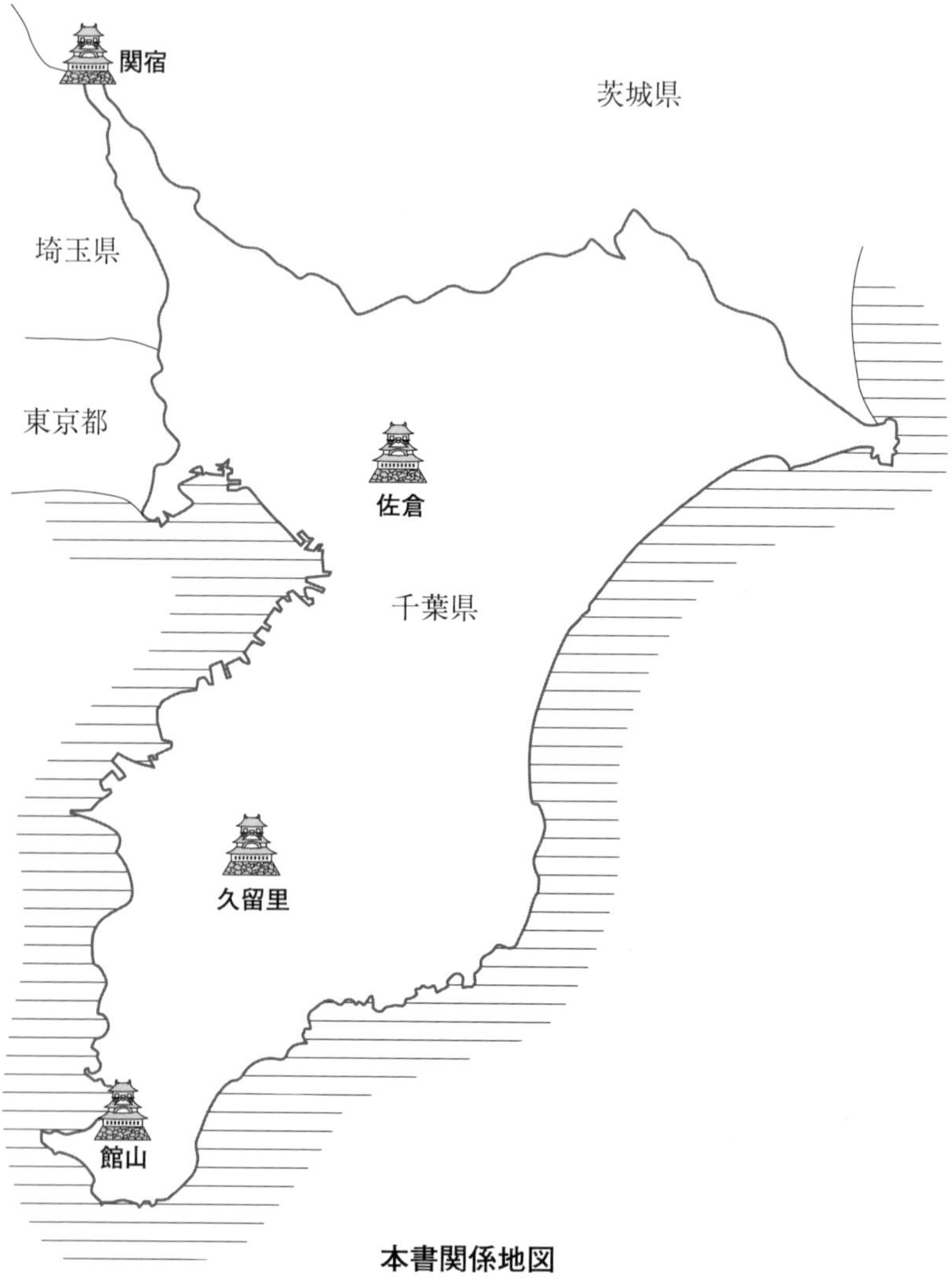
関宿
茨城県
埼玉県
東京都
佐倉
千葉県
久留里
館山

本書関係地図

Ⅰ　城・城下町と佐倉

地域社会を支える記憶
―〈佐倉〉にとっての歴史資源―

宮間純一

はじめに

佐倉市（千葉県）は、平成二十二年（二〇一〇）度から同二十九年度にかけて「佐倉・城下町四〇〇年」と銘打って記念事業を実施した。下総国佐倉に土井利勝が入封した慶長十五年（一六一〇）から四〇〇年を数えるのが平成二十二年、佐倉城が竣工したとされる元和二年（一六一六）から四〇〇年を経過したのが平成二十九年であることにちなんだ企画である。八年のあいだに近世・近代の地域に関わる講座や展示、祭礼などのイベントが相次いで催され、筆者もそのいくつかに関与した。

このイベントの背景には、歴史資源を活用して地域アイデンティティを存立させようとする佐倉市のねらいがある。一方で、地域振興のために歴史資源を観光資源化する指向も顕著である。「佐倉・城下町四〇〇年」の趣意書には、「市民の皆さまには、これを契機として歴史豊かな佐倉市に一層の愛着と誇りを持っていただくとともに、多くの方々に佐倉を訪れていただき、佐倉のすばらしさにふれていただきたいと願っております」(1)と、市長の言葉でそのことが端的に語られている。佐倉市では、地域を持続してゆくために「郷土愛」を高揚させる処方箋としての役割が歴史に期待されるとともに、地域の外から人を呼び寄せる磁力が、城下町に求められているのである。地域持続が切実な課題となっている今日、佐倉市にかぎらず同種の動きは各地でみられる。どこの地域にも、過去の象徴的な人物や事件が一つや二つは存在し、それらをめぐる歴史と歴史資源に視線が注がれている。

そのような地域の歴史は、自然物として私たちの目の前に存在するわけではない。歴史は、現在を生きる人びとが無数にある過去の中から特定の人物・出来事を選択し、それらをつなぎ合わせることで生成される物語である。その物語は荒唐無稽な創造物ではなく、地域に伝来する歴史資源を収集・保存し、検証することで「実証的」に描かれてきた。歴史の担い手―研究者・郷土史家・自治体・市民らは、古文書などを証拠物として逐一提示しながら「史実」を雄弁に語り、歴史を構築してきたのである。

歴史を跡付けるために活用された古文書・建築物などの資源は、その価値を見出されて文化財となる。永久保存されることになった歴史資源は、地域共有の財産となり、展示・自治体史編纂・郷土史研究・顕彰事業などの場面で時を超えて利用され、歴史が再生産されてゆく。

こうした回路によって、歴史資源を背後に従えた城下町〈佐倉〉がいま前面に展開している。先に引用した「佐倉・城下町四〇〇年」の趣意書には、「佐倉の城下町と街道で結ばれた臼井・馬渡の宿場、城下町周辺の路傍に残る歴史・文化遺産をも視野に入れて事業を展開してまいります」とも書き込まれている。城下町〈佐倉〉には、その歴史を裏付ける「文化遺産」が不可欠なのである。

佐倉市だけではなく、歴史資源の発掘・保全・活用は、地方自治体で作成される地域振興策の骨子に必ずと言ってよいほど組み込まれている。地域の歴史資源にさまざまな期待が寄せられる中、地域社会にとって歴史資源（佐倉市がいう「文化遺産」）とは何であるのか、という歴史学としては基本的かつ根本的な問題を、改めて問わなければならない時期にあるといえよう。

そこで、本稿では佐倉市を事例に、地域社会を支えてきた城下町としての〈佐倉〉の記憶と歴史資源との関係を「記憶の場」から考えてみたい。ここでいう「記憶」とは、過去の想起としての記憶ではなく、共同体が有する集合的な記憶を指す。「記憶の場」とは、その記憶を象徴する空間のことをいう(2)。具体的には、佐倉城址をはじめとする史跡・記念碑などを紹介し、城下町〈佐倉〉を取り巻く歴史資源の意義を考える材料としたい。

一　佐倉城址という場

現在の佐倉市においておおかたの市民に共有されている代表的な歴史、市民であれば誰でも接したことがある歴史は、近世大名堀田氏と近代の佐倉連隊であろう。前者は城下町としての〈佐倉〉を想起させ、後者は軍事都市としての〈佐倉〉をイメージさせる。この二つの記憶が交錯する代表的な「記憶の場」が佐倉城址である。佐倉城の跡地は、戦後佐倉城址公園として整備され、城跡の北西部には昭和五十八年（一九八三）に国立歴史民俗博物館がオープンした。この緑豊かな文化空間は、明治期以降、帝国陸軍の兵営があったことで知られる。

徳川家康の命を受け慶長十五年（一六一〇）に佐倉の領主となった土井利勝が、佐倉城の築城（鹿島城の再築）に着手したのは翌十六年のこと。約七年の歳月を費やして、元和二年（一六一六）にはほぼ完成したとされている。近世初期には城主がたびたび入れ替わるが、延享三年（一七四六）の堀田正亮入封後は、幕末まで堀田氏の支配がつづいた。

佐倉城の天守閣は、文政十年（一八二七）に焼失し、以後再建されていない。明治初年には櫓や門などの老朽化が著しく進んでいたという(3)。明治四年（一八七一）三月二十八日、佐倉藩は太政官へ「当城近来大破相成、修理仕候テハ費用夥敷事ニ候間、自今楼櫓門等不加修理、破壊ニ随テ連々取毀申度」と伺いを出している。この文書から判断すれば、財政面から城郭のメンテナンスが困難となり、佐倉藩が破却を望んでいたことは確からしい[4]。すなわち、明治二年六月の版籍奉還を経て、新政府のもとで地方行政を担うことになった佐倉藩庁は、近世大名堀田氏の統治のシンボルである城郭を放棄する決断をしていたと考えられる。佐倉藩知事堀田正倫と士族たちが、城郭の破棄を受け入れていたことは見逃せない事実であろう。

廃藩後、地方に所在する城郭は兵部省の管轄下に置かれ、明治五年(一八七二)二月に陸軍省が設置されるとその所管となった。つづく、明治六年一月十四日、太政官が大蔵省・陸軍省に指示して全国の城郭の存廃が調査・検討されることになり、その結果、佐倉城は「存城」と判断された。城郭の存廃を分けた基準は、現在認識されているような文化財としての価値ではなく、軍事的な利用価値の有無である。これより前、一月九日に東京鎮台三営所のうち佐倉城址に歩兵第二連隊が置かれることが決定しており、この時の佐倉城の「存城」は予定調和的な措置であった。

以後、佐倉城は陸軍の軍事施設として整備されてゆく[5]。旧城郭の建造物は順次取り壊されて、陸軍の兵営・練兵場の建設が進み(兵舎の竣工は明治七年五月)、歩兵第二連隊第一大隊が入営することになった。明治八年(一八七五)には、大手内に「当時拝借地ノ名義ヲ以依然居住」していた旧佐倉藩士族たちも、「移転手当」と引き替えに立ち退かされている[6]。堀田氏の居城たる風合いは名実ともに失われ、佐倉城址は軍事施設の装いをまとうことになった。明治四十二年には、歩兵五十七連隊が入営し、以後、佐倉城址は陸軍の駐屯地としての役割を果たし、昭和二十年(一九四五)八月の敗戦を迎えることになる。

二　よみがえる近世城郭の記憶と佐倉連隊の記憶

前近代の城郭が、近代以降、外形を変えながらも地域社会の象徴的な空間として存在感を発揮した事例は、他地域を対象にした研究成果からうかがい知ることができるが、[7]佐倉城址の場合は少し事情が異なる。城跡に置かれた佐倉連隊と地域社会は、経済的なつながりを持ちつつも他の地域に比べてその関係性は強固ではなく、旧城下町に軍事施設がむやみに拡大してゆくこともなかった。

佐倉の旧城下町は、軍隊にのみ込まれずに敗戦まで経過した。日本近現代史の研究者・荒川章二が「佐倉の場合は、軍事都市として肥大化していくことはなかったと思います。佐倉では、新たな部隊や軍関係施設が次々と増えていったり、または市域に軍用地がどんどん広がっていくような事態が起こらず、当初設置された歩兵連隊の基本機能がそのまま継続しています。佐倉城内の兵営と練兵場で、歩兵を訓練して育て戦時の場合には歩兵を外地、戦地へ送るという機能だけを維持し続けて敗戦を迎えました[8]」と述べているとおりである。堀田氏の手を離れた佐倉城址は、戦前・戦中期を通じて大日本帝国の軍事施設として住民の前に存在していたが、かならずしも地域社会の経済・文化は佐倉連隊によって成り立っていたわけではない。一方で、城郭が失われてもなお住民のあいだには旧藩の記憶が浮遊していた。

近世城郭としての佐倉城址が明瞭に「発見」されるのは戦後である。昭和三十四年（一九五九）に市長に当選した堀田正久《まさひさ》（最後の藩主堀田正倫《まさとも》の養子正恒《まさつね》の子）の指導のもと、佐倉市は翌三十五年に「日米修好百年祭」（日米修好通商条約の条約書批准から百年を記念した祭典）を催し、幕府の老中首座として条約締結問題に当たった堀田正睦《まさよし》をはじめとする佐倉藩関係者を顕彰した。堀田市長は、「これ等の人々が攘夷鎖国両論の沸騰する中に於て、日本の開国の為に、又佐倉住民のために、如何に献身したかを研究することは極めて意義深いこと、思います」、「これを機会に市民各位は勿論、広く一般に佐倉市の歴史を知らしめ、その文化財、史跡の認識を新たにし、深くして頂きたいと思います」と、

写真１　佐倉城大手門跡の碑と説明板（1970年建設）

写真２　佐倉兵営跡の碑（1966年建設）

政府が展開する日米修好百年記念事業をにらみながら、広く社会に正睦と藩士たちの「功績」を語りかけている。(9)

ここにいたって、近世城郭に上塗りされた佐倉連隊の色彩が薄れ、近世の「殿様」堀田氏の記憶が都市の集合的記憶としてよみがえる。昭和三十七年（一九六二）、佐倉城址は市の指定史跡となり、文化財としてはじめて認識・保護されることになった。軍事史跡ではなく近世城郭としての史跡指定である。城址には、城郭であったことを示す標識や解説板が建てられてゆく（写真1）。往事の外観を取り戻そうとする動向も表れた。二一世紀に入っても実現してはいないが、市や市民らによって城郭を復元しようとする運動・活動がみられる。また、「佐倉・城下町四〇〇年」の最終年には、佐倉城と城下町がCGで再現されヴァーチャルな空間で往時の姿がよみがえり、話題となった。残された史料の分析から「史実」に基づいて三次元の世界で復元された〈佐倉〉は、観覧者の脳裏に近世の地域のありさまを鮮明にした。

しかしながら、一方で佐倉連隊の記憶が忘却されたわけではない。佐倉城址という象徴的な空間には、軍隊と堀田氏の記憶が同居している。佐倉城址公園の南側には、「佐倉兵営跡」なる記念碑が、連隊跡地を示す標石として建つ

〈写真2〉。連隊長を務めた元陸軍大将今村均が揮毫したこの碑は、昭和四十一年〈一九六六〉に連隊関係者によって旧佐倉兵営本部付近に建設された〈その後、国立歴史民俗博物館建設により現在地へ移動〉。碑の裏面には、歴代連隊長の名前が刻まれている。

その他にも、佐倉城址公園内には、佐倉連隊に関わる史跡が点在している。陸軍病院跡や訓練用の階段、軍犬・軍馬の墓など、連隊の具体的な活動、日常のありさまを思い起こさせる遺構である。さらに、国立歴史民俗博物館の建設にともなって実施された発掘調査においても兵営の基礎部などが確認された。軍事都市〈佐倉〉の記憶と城下町〈佐倉〉が溶け合う「記憶の場」が、現在の佐倉城址公園なのである。

三　旧城下町における戦争の記憶

旧城下町にも、堀田氏と軍隊の歴史が同居している「記憶の場」がある。「佐倉藩惣鎮守」と称される麻賀多《まかた》神社〈佐倉市鏑木町〉は、近世以来の地域信仰を理解する上で欠くことができない空間である。歴代の佐倉城主は麻賀多神社を庇護し、佐倉連隊の兵士たちは武運長久を祈願した。

例年十月十四日から十六日に催される麻賀多神社の例祭は、現在も旧城下町をあげた行事となっている。山車・御神酒所が曳き出され、佐倉囃子にのって町内を練り歩く姿は実に壮観であり、市民や観光客に旧城下町を彷彿とさせる一大行事である。こうした「伝統」の装いをまとった麻賀多神社の祭礼は、「佐倉・城下町四〇〇年」においても目玉イベントの一つとして実施された〈本書収録　須賀隆章論文参照〉。

麻賀多神社の境内には、慶応四年〈一八六八〉の戊辰内乱で死亡した佐倉藩士二名の追悼碑である「両士記念之碑」

写真３　麻賀多神社境内の慰霊碑３基

（大正二年（一九一三）建立）のほか、日清戦争までの戦没者の慰霊碑（「義烈之碑」、大正二年建立）、日露戦争直後に建設された「忠勇之碑」（明治三十九年（一九〇六）建立）が立ち並んでいる（写真３）。これらの碑は、いずれも堀田家や旧佐倉藩士およびその遺族の親睦団体である佐倉郷友会が主導して建設された。

　廃藩以後も旧佐倉藩主である堀田伯爵家は、地域社会にとってなくてはならない存在であった。「最後の殿様」堀田正倫は、千葉県内の公職に就くことこそなかったものの、地域の産業や教育などに多額の私費を投じ、地域社会を存立するために欠くことができない象徴として君臨していた。経済面だけではなく、正倫は園遊会を開催して地域の有力者や佐倉連隊の幹部を招いたり、学校や士族たちが起こした事業の視察に出かけたりと、さながら「殿様」のように振る舞いつづけている。特に、明治二十三年（一八九〇）に東京から佐倉へ帰還したのちは、正倫を中心とした旧藩士民の結合が強くなり、政治・行政体としては消滅したはずの「藩」が地域社会の中で復活したかのようにさえ見える[10]。

　正倫帰還から約四年後に勃発した日清戦争、さらに明治三十七・三十八年（一九〇四・〇五）の日露戦争は、特に旧藩関係者のつながりを強くした。二つの対外戦争は、各地の人びとにとって郷土と国家を重ねる機会となる。出征する兵士の壮行・凱旋、戦死者の招魂祭・慰霊祭などを経験することで、大多数の民衆が戦争と関わりをもつことになった。佐倉の人びとも日清・日露戦争を通じて国家を自然と意識するようになる。

　この時期に、全国各地で郷土アイデンティティと国家アイデンティティが連結してゆくことは、従来の研究でも指摘されてきた。[11]佐倉でもそのような解釈は可能であるが、旧藩が介在することによって郷土愛と愛国心が結びつけられてゆくことが特徴的である。[12]正倫は、日清戦争の凱旋祝賀式の席で、国家のため、天皇のために戦った旧藩出身の兵士たちを、堀田正睦の「霊魂ヲ九泉ニ慰ムルヲ得ン」（正睦の霊魂が黄泉の世界で慰められているであろう）との言葉をもって慰労する。また、日露戦争の招魂祭において正倫は、正睦の薫陶を受けた旧藩士民の戦争での活躍は旧藩の誉れである、と公然と発言してみせた。旧佐倉藩の士民に、旧藩を介して国家の命運をかけた戦争が刻印されてゆくことになる。[13]

言い方をかえれば、戦争の過程で愛国心や「勤王」（天皇のため尽くすこと）が建前とされながらも、佐倉における郷土と国家のあいだには、堀田家が敢然と存在していたのである。旧佐倉藩の関係者が維持しようとする共同体は、国家や天皇の方向を向きながらも固有の世界を持続していた。

四　天皇・皇太子の記憶

そこで気になるのが、佐倉における天皇や皇族の記憶である。この問題も「記憶の場」に注目して考えてみたい。明治期において天皇と佐倉が直接接点をもったのは、明治十四・十五年（一八八一・八二）の行幸である。どちらも下総種畜場の「天覧」が目的であり、その道中にあった佐倉を天皇は通過している。明治十四年六月二十九日、臼井村に到着した天皇は、大川源五右衛門邸で昼食をとり、その後佐倉営所へ向かった。兵士たちの歓迎を受けた天皇は、練兵を視察しその後成田へと馬を進めている。[14]

個人宅に伝来している史料をのぞけば、目に見えるかたちで佐倉市内に残されている二度の行幸の「記憶の場」は、行在所《あんざいしょ》となった大川源五右衛門邸に建てられた記念碑と、佐倉城址公園内にある「明治天皇御駐蹕《ちゅうひつ》記念碑」である（写真4）。このうち、明治天皇が休憩のため立ち寄った臼井行在所は、史跡名勝天然記念物保存法に基づき、文部大臣から昭和十二年（一九三七）に史跡に指定された。敗戦前の日本において天皇に関わる史跡は「聖蹟」として特別な地位が与えられたが、臼井行在所が文化財として認識されたのも当時の政治的・社会的背景を受けてのことであった。敗戦後、「聖蹟」の指定は解除されるが、それとともに臼井行在所の記憶も忘却されてゆく。現在は文字がかすれた説明板が建つのみで、佐倉市の刊行物や歴史に関わる行事でもほとんど取り上げられることはなくなっている。

もう一つ忘れてはならないのは、明治四十四年（一九一一）に皇太子嘉仁（後の大正天皇）が視察のため佐倉連隊を訪れたことを記念して建設された碑であろう（写真5）。同年嘉仁は、連隊のほか佐倉中学校・堀田邸・堀田家農事試験場を訪れている。

これを記念して大正五年（一九一六）に建てられた「皇太子殿下御野立所」の碑は、佐倉城址の練兵場跡の奥まった場所にひっそりと現存している。この記念碑は、今日の佐倉市においては天皇・皇族の記憶を表象するものとして顧みられることはほとんどなく、佐倉連隊の歴史の一部として認知されている。[15] つまり、かつては大正天皇の遺構の標石として建設された碑であったが、今日にあっては佐倉連隊の記憶に包摂されているのである。

また、明治四十四年（一九一一）に行啓を記念して千葉県立佐倉中学校の敷地内に「天壌無窮」との揮毫がある碑が建てられたが[16]（写真6）、この碑は現在所在不明である。敗戦直後に除去されたか、校庭に埋設されたことはほぼ間違いなく、市民でこの碑があったことを知る者はわずかである。[17]

戦前・戦中期の地域社会における「聖蹟」に対する認識はなお検討の余地が残るが、少なくとも戦後、天皇・皇族の記憶は薄れてゆき、城下町としての〈佐倉〉が前面に押し出されるようになったいまにいたっては忘却されている、

写真５　「皇太子殿下御野立所」の碑
（1916年建設）

写真４　「明治天皇御駐蹕記念碑」
（昭和初期建設）

写真６　「天壌無窮」の碑の前で撮影された記念写真（千葉県立佐倉高等学校所蔵）

といってよいだろう。

五　記憶を支える歴史資源

冒頭でも述べたように佐倉市では、城下町〈佐倉〉の記憶を支えるための歴史資源の保存・活用が行政レベルでも重要視されている。佐倉城址のほか、宮小路町にある武家屋敷（旧河原家住宅・旧但馬家住宅・旧武居家住宅）が、その象徴的な建築物であろう（本書収録　土佐博文論文参照）。近世後期に建築された三棟は、佐倉藩士の暮らしぶりを伝える歴史資源として市民・観光客に親しまれている。

このような文化財のほか、城下町の記憶はアーカイブズによって構築・維持されてきた。鏑木町にある旧堀田邸の蔵には、一万二〇〇〇点を超える近世・近代の古文書が収蔵されている[18]。特に、明治四年（一八七一）の廃藩以前の文書群は、近世史研究者や地域の歴史研究者らによって戦後から現在にいたるまで活用されてきた。旧堀田邸の蔵もまた城下町〈佐倉〉を裏付ける「記憶の場」といえる（写真7）。

写真７　旧堀田邸の蔵

「下総佐倉　堀田家文書」（以下、「堀田家文書」という）には、近世大名堀田家のもとに蓄積した文書群に、旧藩士や旧領民であった家から堀田家に献上された文書が混在している。これらは、明治十四年（一八八一）から大正期にかけて堀田家が行った藩史編纂事業にともなって収集された文書である。堀田家の蔵は、大名家の活動だけではなく、その家臣団や領民の歴史をも跡付ける「記憶の場」だといえる。

「堀田家文書」は、戦後まもない頃、散逸を危惧した堀田正久の意志によって当時佐倉厚生園（現在の佐倉厚生園病院）の園長であった遠山実に譲渡された。一部、古紙回収業者の手に渡ったものもあったが、遠山はそれらも買い戻したという。「堀田家文書」は、地域にとって忘れてはならぬ記録だと正久と遠山が考えたことにより、四散せずに現在に伝わっている。その後、地域の研究者檀谷健蔵や厚生園の職員、佐倉二高の生徒によって本格的な調査が行われ、目録が作成された。その仕事を受け継いだ木村礎（元明治大学教授）や大谷貞夫（元國學院大學教授）によってさらに詳細な整理が行われ、学界でも広く知られることになった(19)。

佐倉市域の近世史研究は、こうした成果にもとづいて行われてきた。郷土史家篠丸頼彦が中心となって編まれた自治体史『佐倉市史』の近世史の叙述は、「堀田家文書」にその多くを依拠している。佐倉市立美術館などで開催される展示会にはその原本が何度も出展され、城下町の記憶が想起されてきている。近年では、佐倉市史編さん担当の努力によって、「堀田家文書」のほかにも旧藩士家や旧領民家に伝来した文書群が収集・整理され、こうした記憶を後押ししている。

おわりに

本稿では、佐倉市における史跡や記念碑・古文書などの歴史資源と地域社会の記憶の関係を紹介した。佐倉市の歴史は、城下町、軍事都市あるいは天皇・皇族の記憶が、時には融和し、時にはせめぎ合いながら形成されてきたといえる。その中でも、現在の佐倉においては城下町の記憶が表面に現れている。

こうした城下町〈佐倉〉のアイデンティティを支えているのは、旧藩時代の文化財・古文書などの地域に伝来した歴史資源であり、佐倉城址や武家屋敷などの「記憶の場」である。城下町としての歴史が、地域持続のために必要とされている今日では、必然的にこれらに注目が集まり、行政的にも有用な資源として活用されている。

本稿であつかったのは一例に過ぎないが、今日の日本では全国(特に地方)で似たようなケースが散見できる。佐倉市の事例から明らかなのは、歴史資源は無作為・自然に保存・活用されるものではなく、いまの私たちが呼びかけることで初めて意味を持つようになる、ということである。私たちが、語りかけて呼び起こそうとしている歴史とは何ものなのか、いま地域社会が必要としている記憶とはどのようなものなのか、歴史学の立場から検証することが求められている。

註

(1) 佐倉市ホームページhttp://www.city.sakura.lg.jp/sakura/sakura400/100guidance/index.htm (二〇一九年四月一日閲覧)。

(2) 記憶と記録をめぐる研究の現状に関する筆者の問題意識は、宮間純一「地域における明治維新の記憶と記録」(『日本史研究』二七九、二〇一九年)に示した。記憶の問題は、ピエール・ノラの編著『記憶の場―フランス国民意識の文化=社会―』一(谷川稔監訳、岩波書店、二〇〇二年)の冒頭に配された「「記憶の場」から「記憶の領域」へ」、もしくはこれと類似の方向性をもつ一連の議論を参照した。

(3) 佐倉市史編さん委員会編『佐倉市史』一(佐倉市、一九七一年)。

（4）「太政類典」第一編　慶応三年～明治四年　第百七巻　兵制・鎮台諸庁舎（国立公文書館所蔵、太00107100）。
（5）佐倉連隊の形成過程は、宮地正人「佐倉歩兵第二連隊の形成過程」（『国立歴史民俗博物館研究報告』一三、二〇〇六年）に詳しい。
（6）「公文録」明治八年　第百十二巻　明治八年四月　内務省伺五（国立公文書館所蔵、公01494100）。
（7）たとえば、木下直之『わたしの城下町―天守閣からみえる戦後の日本―』（筑摩書房、二〇〇七年）、胡光「中世・近世の城から、近代の公園へ―道後湯之町初代町長　伊佐庭如矢のみた松山―」（岩下哲典・「城下町と日本人の心」研究会編『城下町と日本人の心性―その表象・思想・近代化―』岩田書院、二〇一六年）ほか参照。
（8）荒川章二「佐倉の軍隊―軍事都市としての特性―」（印旛郡文化財センターホームページ　http://www.inba.or.jp/happyo/pdf/17_lecture.pdf　二〇一九年四月一日閲覧）。
（9）『日米修好と堀田正睦―日米修好百年祭記念―』（佐倉市、一九六〇年）。
（10）宮間前掲註（2）「地域における明治維新の記憶と記録」参照。
（11）高木博志「「郷土愛」と「愛国心」をつなぐもの」（『歴史評論』六五九、二〇〇五年）。
（12）真辺将之「明治期「旧藩士」の意識と社会的結合―旧下総佐倉藩士を中心に―」（『史学雑誌』一一四―一、二〇〇五年）。
（13）宮間前掲註（2）「地域における明治維新の記憶と記録」参照。
（14）千葉県文書館・宮内庁宮内公文書館編『皇室がふれた千葉×千葉がふれた皇室』（千葉県文書館、二〇一五年）、宮間純一「一八八一・八二年の明治天皇行幸と北総地域」（『佐倉市史研究』二九、二〇一六年）。
（15）たとえば、特定非営利活動法人まちづくり支援ネットワーク佐倉のホームページ参照（https://net-sakura.jimdofree.

com/　二〇二〇年七月十七日最終閲覧)。

(16)　篠丸頼彦『校史―千葉県立佐倉高等学校―』(千葉県立佐倉高等学校、一九六一年)。

(17)　この点について実証できる文献史料を発見できていないが、小暮達夫氏による同校ＯＢへの聞き取り調査によって撤去された時期が特定できた。記して感謝申し上げます。

(18)　日産厚生会佐倉厚生園病院所蔵、佐倉市寄託。

(19)　宮間純一・清水邦俊「「下総佐倉堀田家文書」の来歴と堀田家家務所の組織・機能―大名華族のアーカイブズ資源研究をめざして―」(『佐倉市史研究』三一、二〇一八年)。以下、本節の記述は、同論文参照。

城と城下町に関する文化財の現在
―佐倉における事例から―

須賀　隆章

はじめに

1　城と城下町の現在

ひとくちに「城」や「城下町」といっても、成立時と現代ではその機能や性格は大きく異なっている。そもそも「城」は、軍事・政治的な拠点としての城郭のことを指すが、現在では築城された当初の機能は全く失われている。今なお存在する「城」は、その歴史を伝える資料館・博物館的な機能を有していたり、公園として整備された市民の憩いの場であったり、観光地として整備されたりして、その役割が大きく変化している。現存の具合や規模もそれぞれ異なり、各地に残る城は、①築城から現在まで修復を重ねながら歴史的建造物として現存するもの、②一度は建物が失われてしまったが何らかの形で再建・築城されたもの、③建物は失われたままであるが城の遺構が確認されており史跡、いわゆる城跡として位置付けられているもの、といったように、大きく三つに分類できるだろう。

一方で、関心のあり方は、城がどのように成立したのか、大きな合戦に巻き込まれていったのか、著名・人気のある歴史上の人物がどのように関わっていったのかという特定の過去に集中している。これはもちろん、学術上の研究や議論の対象となる部分や、観光という現代の人々の興味・関心・流行に左右されるためであり、如何ともし難い点もある。しかし、城と城下町に関する文化財の現在を考えるうえでは、これらがどのような経過をたどって、我々の目の前に残ってきたのか、そして後世にどのように継承すべきなのかを論じていく必要がある。

2　城と城下町に関する文化財とは何か

こうした文化財の中で、現在にまで残るものとしては、城郭の建造物、城跡、藩士や町人といった城下町に集住した人々の住居、町並み、彼らが信仰した寺社仏閣といった歴史的建造物や史跡を挙げることができるだろう。また、これらの他に、その土地が城下町であったことを人々に想起させるものも、城と城下町に関する文化財に入れることができるのではないだろうか。

というのは、その文化財自体が城下町であった頃につくられたものではなくとも、城下町としての〈記憶〉を今に伝える機能を果たしてきた文化財も存在するからである。たとえば、形を変えながらも脈々と受け継がれていった祭礼や、近代になって旧藩主や旧藩士たちによって造立された記念碑といったものも旧城下には存在しており、過去から現在の連続性を考える際にはあわせて論じる必要があるだろう。

よって本稿では、城や城下町の構成要素の中で現存するものに加え、その歴史的な記憶を人々に想起させるものも、城と城下町に関する文化財（歴史遺産）と仮定してみたい。史跡や建造物、町並み、祭礼といった有形・無形の文化財の他に、文献資料や美術工芸品なども含まれるが、これらについての考察・議論は別稿に譲り、本稿では前者に絞った問題提起をしてみたいと思う。

3　佐倉市における例

それでは、現在の佐倉市ではどのようなものがこれに該当するだろうか。図1と写真で代表的な文化財を列挙した。城郭の建造物は残念ながら失われてしまったが、城跡は現在、佐倉城址公園として整備され（写真1）、全体の遺構は良好な状態で残っている。また、武家地では「旧河原家住宅」（写真2）、「旧但馬家住宅」「旧武居家住宅」といった江戸時代後期の藩士が暮らした武家屋敷三棟が現存し整備・公開されている。町人地にあたる新町通りに代表される旧城下の町並みは、当時の道筋、地割をよく残していることが江戸時代の城下町絵図との比較により窺い知ることができる。この町並みには、近世より佐倉で活躍していた平井家の店舗兼住居である「旧平井家住宅」（写真3）や「旧今井家住宅」といった商家住宅も現存している。

また、秋には「麻賀多神社神輿渡御」（写真4）を母体とする「佐倉の秋祭り」が行われ、現在では江戸型山車（写真5）や御神酒所（躍り屋台）の引き廻し、江戸囃子の流れを汲む「佐倉囃子」の演奏で盛り上がりを見せている。また、蘭医・佐藤泰然が開いた蘭医学塾兼診療所の「旧佐倉順天堂」は、佐倉藩が幕末に蘭学が興隆した地であることを伝えており、現在は記念館として公開されている。佐倉の蘭学の興隆を支えたのが当時の藩主・堀田正睦《まさよし》であるが、その子で最後の藩主となった正倫《まさとも》が明治二十三年（一八九〇）に建てた邸宅・庭園「旧堀田家住宅」「旧堀田正倫庭園」（写真6）や、堀田家の菩提寺である甚大寺にある墓所や追遠碑も外すことはできないだろう。これらの文化財は「佐倉藩主といえば堀田家」という現代の佐倉の歴史認識に大きな影響を与えている。

本稿では、現在の文化財行政が抱える問題点を指摘し、佐倉市に関する城や城下町に関する文化財がどのように活用されているのかを述べ、現在の課題を指摘する。近年、文化財をとりまく環境は大きく変化してきている。今後、これらの文化財をどのように継承していくべきなのか、佐倉市における事例を紹介しながら考察し、そのあり方につ

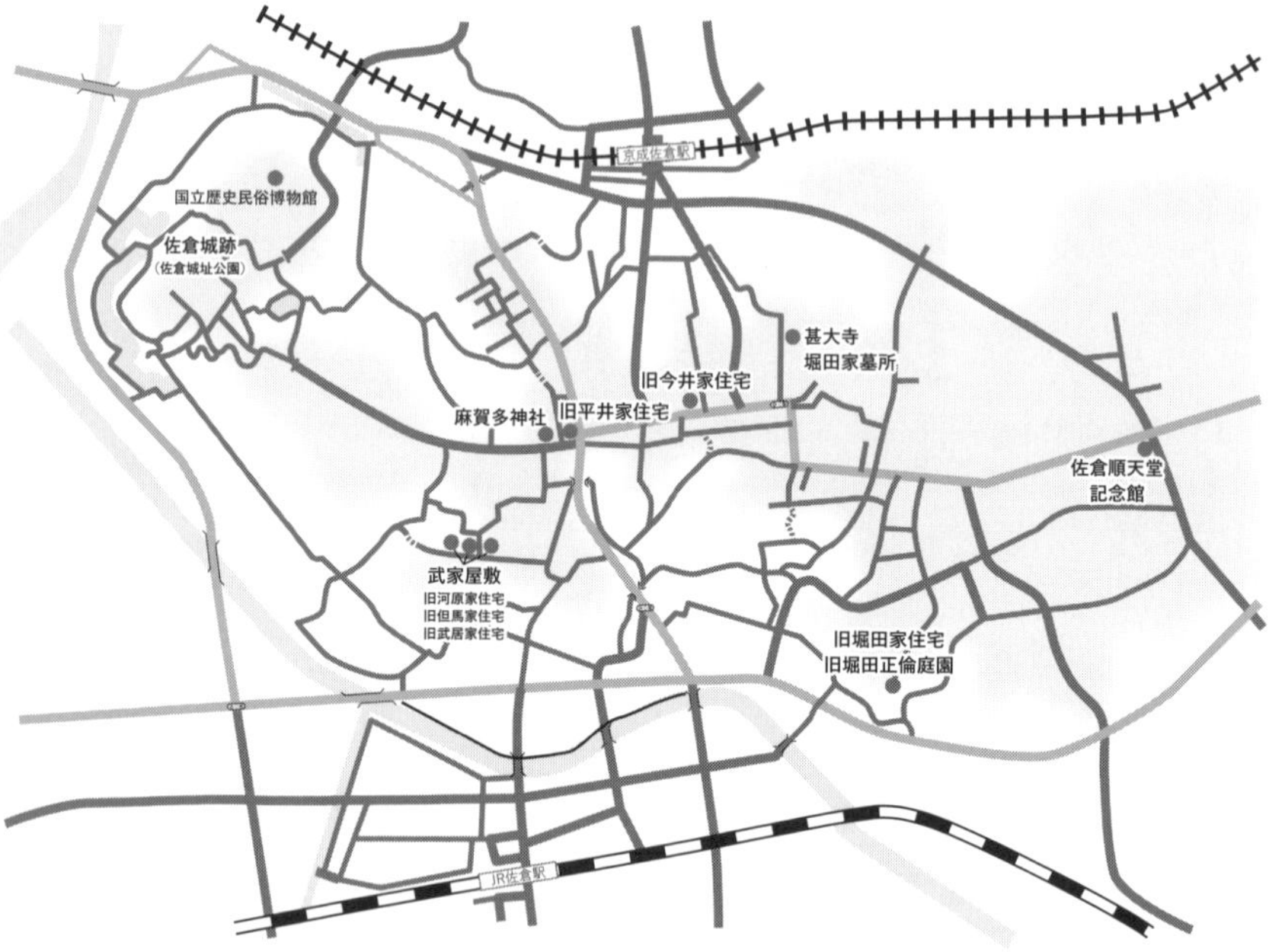

佐倉城と城下町に関する代表的な文化財位置図

写真２　旧河原家住宅

写真１　佐倉城址公園空撮

写真３
旧平井家住宅

写真４
麻賀多神社神輿渡御

写真５
旧佐倉町の祭礼用具
（江戸型山車三本）

写真６
旧堀田家住宅・
旧堀田正倫庭園

いて私見を述べたい。

一　文化財をめぐる現在の潮流

1　これまでの文化財行政とその課題

歴史的建造物、史跡、美術工芸品や、祭礼などの民俗行事など、多岐にわたる文化財をとりまく状況は近年大きく変化しつつある。「保存・保護」を第一とする時代から、さらに一歩進んだ積極的な「活用」が求められる時代となってきている。

文化財の保存・修復はこれまで、多くの場合において補助金をはじめとする公的資金を財源とし実施されてきた。しかし、これを負担する国や自治体は現在、財政的に厳しい状態に置かれている。これまでの仕組みのままでは、文化財の継承が困難になっていくことが、積極的な「活用」が求められる背景として挙げられる。

これまでの日本における文化財行政で、しばしば批判の対象となるのは、二点に大きく分けられる。一つは、国や自治体が財政的に厳しい中、文化財の修復に補助金などの公的資金を投入する意義・必要性がどれほどあるのかということ。もう一つは、公的資金が投入され、維持・保存されている文化財が、学芸員や大学教授といった一部の「専門家」にのみアクセスが許されている、またはそうした目線からしか紹介がなされていないということである。(1)

文化財の修復には、現在通常行われていない歴史的な技法、流通していない原材料を必要とすることに加え、こうした技術を継承する担い手が不足しているために、通常の工事よりもどうしてもコストがかかってしまう。コストの削減について、後継者の育成の面などで文化財の修復に携わる業界における改善点についても提言があり、文化財修復の現場が、自らのあり方を見直し、補助金などの公的資金に頼ることなく経済的に自立していくことも求められる。行政の立場から考慮されるべきなのは、実際にかかってしまう経費をどのように別の方法で補っていくのかということ、あるいは文化財の修復が「意義ある投資」として共通理解が得られるように、その価値と魅力を発信し知ってもらうこと、の二点にまず絞られるだろう。

2 「保存」から「活用」へ

これらの点と、国民共有の財産であるはずの文化財が、一部の「専門家」だけのものになってしまっているという批判を解決していくために、これまでの「保存」第一主義からの転換が図られはじめている。つまり、文化財の「保存」から「活用」へと、文化財行政が大きく舵を切ることが求められているのだ。

近年、世界的に日本の歴史・文化・伝統が注目される中で、それを現代に伝える文化財の活用を通じて、文化財を「観光資源」として活用する提言が文部科学省から平成二十二年(二〇一〇)になされている。[2] さらに、平成二十五年に、東京都が二〇二〇年のオリンピック・パラリンピック開催都市に決定した後は、さらに世界へ向けた情報発信を行い、外国人観光客を呼び込み、日本の歴史・文化・伝統を活かした「観光立国」を果たすことが叫ばれた。[3]

これを具体化していくために、平成二十七年(二〇一五)より文化庁は、「日本遺産」の認定を進め、日本遺産魅力推進事業を展開している。従来の文化財行政では、個々の文化財を「点」として指定・保存してきたのに対し、「日本遺産」は点在している文化財を「面」として、それぞれに共通する歴史・文化を語る「ストーリー」を通じてパッケージ化し、積極的な文化財の活用を図ることで地域の活性化につなげようとするものである。[4]「日本遺産」の認定は、東京オリンピック・パラリンピックが予定されていた二〇二〇年までに全国で一〇〇件程度が見込まれ、数を絞ってブランド価値を高めることが目指されている。その結果、平成二十七年度から令和二年(二〇二〇)度まで計一〇四件が認定されている。

さらに、現在の文化財行政の根幹をなしている「文化財保護法」も、平成三十年(二〇一八)三月に、文化財の「活用」をより重視した内容へと改正された。文化財自らが、維持・修復にかかるコストを補うことができる仕組みを作り出す方向へと転換する状況にあり、今後もそうした動きはますます加速していくものと考えられる。

文化財を後世に伝えていくためには、どうしても多くの費用がかかってしまうことは避けられない一方で、現状のままではこれを補うことが難しい。よって、文化財行政の方針として、文化財をうまく「活用」することにより費用を補う、あるいは意義のある投資という共通理解を生み出すことに異論はない。その前提としてあるのは、あくまでも文化財を適切に「保存」し、継承していくことにあると考える。こうした文化財行政のあり方を踏まえ、佐倉市の城と城下町に関する文化財の活用事例について、いくつか紹介したいと思う。

二　城下町佐倉の文化財から考える

1　現在の佐倉城の姿と位置付け

(1)　佐倉城の現代史

佐倉城は、明治初期に城内の建物が取り壊され、陸軍歩兵連隊の兵営所が置かれた。戦後まもなくは、連隊の建物を佐倉中学校の校舎としたり、陸軍病院は国立病院に姿を変えたりするなどして城跡が利用されていった。その後、老朽化が進んだ兵舎は順次取り壊され、新たな病院、校舎の建設が進んだ。

そして、明治百周年事業により国立の歴史博物館構想が持ち上がると、当時の堀田正久佐倉市長（最後の藩主正倫の孫にあたる）の働きかけもあり、一九七〇年代初めに、佐倉城跡に建設が決定される。昭和五十二年（一九七七）、最後の兵舎として残っていた一棟が写真・図面を作成したうえで解体され、陸軍病院の流れをくむ国立佐倉療養所は、江原台に移転した。こうして博物館の建設が進められた。そして、昭和五十八年、国立歴史民俗博物館が開館する。

一方、明治初期に取り壊された天守・御殿・屋敷・門といった構造物は、再建活動も一時起こったが、財政上の理由もあり実現されていない。現在、かつて城があった区域には、国立歴史民俗博物館、佐倉城址公園、佐倉市立佐倉中学校、千葉県立佐倉東高等学校が所在している。

(2) 佐倉城の位置付け

このように、佐倉は、他の城を持つ旧城下町とは異なる歴史を歩んだともいえる。他の多くの旧城下町では、戦後復興のシンボルとしての築城、観光資源としての築城が進められていった。いわゆる「昭和の築城ブーム」(5)といえる動きであるが、これとは一線を画す動きが佐倉ではあったといえるだろう。

では、現在の佐倉城跡は、どのように位置付けられるだろうか。大きく分けて、①教育の場としての佐倉城跡、②憩いの場としての佐倉城跡、③文化財としての佐倉城跡の三つに分類することができると考える。

①教育の場としての佐倉城跡としては、国立歴史民俗博物館が開館したことと、佐倉市立佐倉中学校、千葉県立佐倉東高等学校が所在していることが大きい。

②憩いの場としての佐倉城跡では、城址公園として整備され、本丸跡の広場などでは桜が楽しめることがまず挙げられる。さらに、近年では アート&クラフトフェア・チバ「にわのわ」（写真7）の開催地となっていることが特筆される。このイベントは、平成二十四年（二〇一二）にＤＩＣ川村記念美術館を会場として初開催されたクラフトフェア

写真７　「にわのわ」会場の様子

写真８　佐倉城復元CG

で、県内外から多くの来場者を集めている。平成二十七年からは、佐倉城址公園を会場として実施され、平成三十年の開催時には二日間で約二万四〇〇〇人の集客を記録している。幅広い年齢層に親しんでもらえる取り組みとして注目される。

③文化財としての佐倉城跡としては、地形を活かした城の遺構全体が良好な状態で現存していることが挙げられる。千田嘉博は「城の主要部の堀や土塁、曲輪のかたちはたいへんよく残っている。関東では稀有な事例だと思う」と指摘している。[6] 建物は現存していないが、築城された江戸時代から、連隊がおかれた明治、国立歴史民俗博物館の開館した昭和を経た現在の時の流れの中で、全体の遺構は保持され続けていった城であり、活用の可能性は大いに残っていると考える。

活用の可能性の一つとしては、城と最新の映像技術の組み合わせが挙げられるだろう。平成三十年(二〇一八)に開催された佐倉・城下町四〇〇年記念総合展示「城と町と人と」では、佐倉城とその城下を復元したＣＧ(Computer Graphics)映像もあわせて制作・上映された[7](写真８)。ＶＲ(Virtual Reality 仮想現実)やＡＲ(Augmented Reality 拡張現実)といった最新の映像技術を駆使した文化財の活用も注目されている。建物自体の復元についても言えることであるが、こうした技術を通した復元を行う際には、目的やどのような成果を求めるのかを、しっかりと設定したうえで制作することが求められる。(8)

2　歴史的建造物の活用

(1)　武家屋敷と旧堀田邸

次に、かつての武家地・町人地に位置している歴史的建造物について触れておきたい。

市で整備・公開している三棟の武家屋敷の一つである「旧但馬家住宅」では、五月五日の子どもの日などに「甲冑試着会」（写真9）を実施している。この試着会は、実物を模した甲冑を着用し記念写真を撮ってもらうイベントとして、以前より実施している。実際に当時の武士たちが暮らした環境の中で、甲冑を着ることができるイベントで、近年では幅広い年齢、国籍の方が参加している。文化財施設のガイドで活躍する文化財ボランティアガイド佐倉の協力を得ながら、年間で実施できる回数を増やしている。また、体験で用いる甲冑も、武家屋敷の建築年代に近い江戸後期の史料に基づいたものを新たに制作し使用している。こうして、質・量ともに改善しながら実施を進めている。

写真９　甲冑試着会の様子

国の重要文化財・名勝に指定されている「旧堀田家住宅」「旧堀田正倫庭園」では、ロケーションとしての魅力を活かした事業を展開している。代表的なものとしては、「庭と音楽と夕暮れ」（写真10）と「さくら庭園ガーデンヨガ」が

写真10　「庭と音楽と夕暮れ」会場の様子

写真11　武家屋敷でのコスプレ撮影をPRするポスター

それである。「庭と音楽と夕暮れ」では、近郊在住のミュージシャンを招いての演奏と飲食ブースの出展を行い、夕暮れ時の「旧堀田正倫庭園」でくつろいでもらい、音楽と食を楽しむイベントとなっている。また「さくら庭園ガーデンヨガ」では、庭園の広い芝生を会場に、近年人気が高まっているヨガを参加者に体験してもらうイベントとなっている。両者はともに、邸宅と庭園が醸し出す場所そのものの良さを活かしたもので、これまで文化財になじみの薄かった層に対するアピールも兼ねている。

これらの普及啓発事業・イベントに加え、「佐倉フィルムコミッション」の一環として、文化財施設でのドラマ・CM・映画などの撮影のロケ地としての受け入れも積極的に行っている。条例で文化財施設の撮影使用料・施設使用料を設け、入館料以外にも財源を確保している。近年では、ドラマ・CM・映画などの商用撮影の他に、アニメやゲームなどを題材とした衣装（いわゆるコスプレ）の個人撮影のニーズも高まっており、ポスター（写真11）などを通じ、撮影の受け入れを行っていることを発信している。また、城下町商店会の主催によるコスプレイベントも平成二十九年（二〇一七）より定期的に実施されている。こうした新たな活用の方向性も見出されつつあるといえよう。

(2) 商家住宅の活用

また、町人地であった区画に残る歴史的建造物としては、「旧平井家住宅」「旧今井家住宅」が挙げられる。「旧平井家住宅」は、江戸時代から新町で活躍していた商家・平井家の店舗兼住宅である。現在残っている建物は、明治中期の商家住宅で、平成二十年（二〇〇八）に旧所有者から市に寄贈され、平成二十八年に国登録有形文化財となった。これまで、今後の活用のためのさまざまな検討を行ってきた。佐倉の秋祭りの際の無料休憩所として公開したり、音楽や落語、古本市や、先述の「にわのわ」の会場としたりして、今後の活用方針を検討している。かつては武家地と町人地を結ぶ場所であり、現在では新町通りと佐倉城址公園を結ぶ中継点としての活用が期待されている。

また同時期の商家住宅である「旧今井家住宅」は、平成三十年（二〇一八）に市が取得し、翌年に国登録有形文化財となった。旧平井家住宅とともに佐倉市観光グランドデザインの中で、城下町地区の再生を担う文化財の一つに数えられている。

3 祭礼用具の修復と地域活性化

(1) 佐倉の祭礼文化

佐倉では毎年十月に、「旧平井家住宅」や「旧今井家住宅」が位置する新町を中心に「佐倉の秋祭り」が行われている。これは、江戸時代初期より行われている「麻賀多神社神輿渡御」を母体としている。江戸時代より、この神輿

写真12　引き廻しが復活した弥勒町の江戸型山車

渡御に付属する祭り（附け祭り）として山車の引き廻しなどが行われていたことが「古今佐倉真佐子」といった文献資料により知られている。明治時代になると、新町六町（横町・上町・二番町・仲町・肴町・間之町）と弥勒町は、江戸時代後期に制作された江戸型山車と山車人形を日本橋方面より購入している。江戸型山車の引き廻しは、現在見られなくなった江戸の祭礼文化を継承するものでもある。同時に、御神酒所と呼ばれる踊り屋台も制作され引き廻しが行われ、佐倉独自の祭礼文化も生まれた。これらの祭礼用具は、昭和五十九年（一九八四）に「旧佐倉町の祭礼用具」として佐倉市指定有形文化財（工芸）に指定されている。

(2) 修復と継承

しかし、明治初期に購入された七本の山車は、老朽化などにより、一九九〇年代では横町と仲町の二本のみが引き廻されるにとどまっていた。二〇〇〇年代前半に佐倉を含む各地の江戸型山車への関心が高まったのをきっかけに、「旧佐倉町の祭礼用具」を所有・管理する町会により構成される佐倉山車人形保存会は、山車の引き廻しの復活と佐倉の祭礼文化の継承を目標とし、山車や山車人形、御神酒所の計画的な修復を本格化させた。平成二十六年（二〇一四）には上町、平成二十九年には弥勒町の山車の引き廻しが復活（写真12）し、現在では四本の山車の運行が可能となった。

また特筆すべきは、保存会の活動は祭礼用具の修復を進めるだけではないことである。現存する山車人形の展示（平成二十四年（二〇一二）は佐倉市立美術館、平成三十年はＤＩＣ川村記念美術館にて実施）や、過去の祭礼の古写真を集めた写真展（平成二十七、二十八年に佐倉市立美術館で実施）や、同じ山車による祭礼文化を継承している市町村とのシンポジウム（平成二十九年、三十年度に国立歴史民俗博物館で実施）といった普及啓発事業や、引き廻しの担い手の確保を進めている。これらの活動により、祭礼の担い手である山車・御神酒所を所有する町会の機運も高まり、持続的な祭礼用具の保存・活用が進みつつある。

このように、江戸時代から続く佐倉の祭礼は姿を変えながらも、佐倉の人々の生活の中に受け継がれている。「江戸」あるいは城下町の〈記憶〉を佐倉の人々に想起させる役割も果たしているといえるだろう。

三　新たな価値や魅力を見出すために

1　佐倉・城下町四〇〇年記念事業と日本遺産「北総四都市江戸紀行」

(1)　築城から四〇〇年を記念して

さて、佐倉市では、こうした城下町としての歴史を広く情報発信していくために、平成二十二年（二〇一〇）度から二十九年度にかけて「佐倉・城下町四〇〇年記念事業」を展開した。この事業は、土井利勝が佐倉の領主となった慶長十五年（一六一〇）と佐倉城が完成した元和三年（一六一七）から四〇〇年が経過したことを記念して行われた事業である。先に述べた江戸型山車の復活や、本書のもととなったシンポジウム、企画展示などがこの記念事業に位置付けられる。

また、この記念事業では、「協賛事業」として記念事業の趣旨に賛同する民間主体の事業に対し、事業として認定し、その事業の広報等の支援を行ってきた。また事業のイメージキャラクター「カムロちゃん」(9)も生まれ、ツイッターなどのＳＮＳでの情報発信を展開した。この事業は、大規模なインフラ整備に頼ったものではなく、既存の歴史・文化遺産を活用して城下町・佐倉のイメージを市内外に発信するものであった。市民意識調査によれば、「歴史文化遺産、歴史建造物の保全と活用」に対する満足度は、平成二十二年（二〇一〇）度の三八％から平成二十九年度には六一％と、八年間で二三％上昇しており、一定の成果を上げたといえるだろう[10]。

(2) 日本遺産と城下町佐倉

また、この記念事業の成果の一つでもあるのが、平成二十八年（二〇一六）に佐倉を含む、成田・佐原・銚子からなる「北総四都市江戸紀行・江戸を感じる北総の町並み」が日本遺産に認定されたことである。この日本遺産の「ストーリー」では、成田が門前町、佐原が商家の町、銚子が港町、佐倉が城下町として位置づけられている。そして、四都市がそれぞれ江戸時代を通じて江戸の文化の影響を大きく受けるとともに、当時の町並みや風景が残り、今なお東京近郊にありながら江戸情緒を体験することができることが語られている。

認定後、県と四市からなる「日本遺産北総四都市江戸紀行活用協議会」が結成され、この協議会が主体となり、文化庁からの補助金を活用した事業を実施してきた。その事業としては、四市共通のＰＲ、日本遺産自体のブランド力を高める取り組み（ウェブサイト、ガイドアプリ、パンフレット等の作成）や観光関係イベントへのブース出展、ＳＮＳ等を活用した情報発信、小中学校の児童向け教材の作成や体験プログラムの造成、モニターツアー等が挙げられる。

こうした事業を実施してきたが、行政側と民間事業者、各種団体との連携がまだまだ不十分であり、さらに多くの人々を巻き込んだ事業体制が今後は期待されている。

２ 追体験と新体験

さて、これまでに述べてきた文化財の活用については、大きく分けて二つの方向性があると考える。一つは、文化財が持つそのものの価値や魅力をより深く知ってもらうための「追体験」である。これは、武家屋敷での甲冑試着会などが該当する。これらの活用では、当時の様相をより深く知ってもらうために、歴史考証を十分に行い、リアリティの追求のための専門的な知識が求められる部分となる。

もう一つは、文化財が持つそのものの価値や魅力に、別の価値や魅力を付加する「新体験」である。これは、佐倉城跡でのアートクラフトイベント、旧堀田邸での音楽イベントやガーデンヨガ、文化財施設でのコスプレ撮影などが挙げられる。この部分では、歴史的な背景を抜きにした文化財そのものが持つ雰囲気の良さなどを活かして新たな試みを行っていくこととなる。専門家だけの目線によらないアプローチや、既存の枠にとらわれないアイデアをもとに、これらを具体化する企画力が求められるだろう。

これら二つの方向性には、文化財を通じた特別な体験をしてもらいたいという共通項がある。しかし、これまでの文化財の活用については、どちらかと言えば「追体験」の部分に重きが置かれていたように思う。もちろんこの方向性による活用はこれからも続けていくべきであるが、文化財の継承への理解をより広げていくには、「新体験」の方向性も今後は伸ばしていく必要性がある。歴史的な背景とのつながりが薄いものであっても、文化財の魅力を十分に生かしたものであれば、別の活用の方向性があること、そして、文化財とそれが生まれた歴史・文化の魅力を再発見してもらうことにつながっていくだろう。この二つの方向性によってこそ、より広く現在の人々に文化財の重要性と、それを意義あるかたちで継承していくことの必要性を、訴えることができるのではないだろうか。

おわりに

佐倉市内の現存する城と城下町に関する文化財について、どのような活用がなされているのかを紹介してきた。これらの活用は、現在、行政の主導によるものも多いが、今後はさらに、各種団体や民間事業者など文化財にかかわる人々は多くなることが想定される。そうした動きが促進されることで、城と城下町に関する文化財が観光資源となり、より多くの経済的な効果を生み出すことになるかもしれない。文化財をめぐってはさまざまな立場があり、これまで文化財に関わりの薄かった人々も巻き込んで、新たな活用を模索していく現況にあると考えるが、すべての関係者が、活用へと一気に舵を切ることには違和感を覚える。これは文化財の保存のための方策の一つであり、あくまでもの手段の一つと考える視点は忘れてはならない。そのためにも、保存と活用の両立を図ることができる交通整理役が必要となるだろう。その役割はこれまでにその両者に関わってきた文化財行政の担当者・専門家が担うことがまず想定されるが、実際にその地域に住まう人々の参画も期待される。

また、文化財の活用にあたっては、それぞれの文化財の特性に合わせた方策を考えていかなくてはならない。たとえば、訪れることができる文化財は、周囲の環境・景観の保全・整備でさらに魅力を高めることができる。一方で、「見ることができない」文化財は、これらの方法よりも、別の方法、たとえば、最先端の技術を活かして「ホンモノ」あるいはそれ以上のものを見る・感じることができる体験を提供することの方が有益となるだろう。

このようにして、文化財に関わる人々は、時流を見極め、文化財の保存と活用を両立することが今後さらに求められていくと考える。この保存と活用の両立によって、文化財の継承にはある程度のコストが必要となることを許容してもらう、あるいは意義のある投資であると感じてもらえる気運を醸成していかなくてはならない。こうすることによって、それぞれの地域やその歴史・文化を持続的に、さらにはより意義のあるかたちで継承することにつながっていくものと考える。

註

（1）デービット・アトキンソン『国宝消滅―イギリス人アナリストが警告する「文化」と「経済」の危機』（東洋経済新報社、二〇一六年）。

（2）文部科学省「観光立国の実現のための文化資源の活用方策」（https://www.mlit.go.jp/common/001116084.pdf）。

（3）前掲註（1）。

（4）文化庁「日本遺産（Japan Heritage）について」（http://www.bunka.go.jp/seisaku/bunkazai/nihon_isan/）。

（5）他の城や城下町の近代・現代ついては、木下直之『わたしの城下町　天守閣からみえる戦後の日本』（筑摩書房、二〇〇七年）を参照。

（6）千田嘉博「佐倉城の魅力」（佐倉市教育委員会編『風媒花』第三一号、二〇一八年、八頁）。

（7）この時に上映された映像「佐倉・城下町４００年記念　佐倉城は天然もの!?　カムロちゃんと行く佐倉の旅」は、https://www.youtube.com/watch?v=ys2892K4TPkより視聴可能。

（8）城・城跡と最新の映像技術の活用については、拙論「「城」をめぐる映像技術の現在とこれから―文化財の新たな活用の模索―」（池田忍編『未完成―企図／作品／芸術家』千葉大学大学院人文公共学府研究プロジェクト報告書第三三三集、二〇一八年）もあわせて参照されたい。

（9）「カムロちゃん」は、江戸時代の地誌『古今佐倉真佐子』に、「城内で毎晩、八～九歳くらいの〈かむろ〉（おかっぱ頭の子ども）が当院の杉戸に描かれた絵から抜けだして遊んでいる（意訳）」という記述による。

（10）本事業の主な成果等については、呉屋希美「城下町になろう。」（佐倉市教育委員会編『風媒花』第三一号、一一二～一一三頁）を参照。

附記　この原稿の校正をしている二〇二一年一月現在、新型コロナウィルス（COVID-19）の感染拡大により社会情勢は一変してしまった。佐倉の秋祭りをはじめ、本稿で紹介したイベント・事業のほとんどが中止・延期され、今後の見通しも不透明なままとなっている。

文化財の保存・活用について、今後の方向性については本稿で述べた通りであるが、これをどのように実現していくかはさらなる見直しが必要であり、その検討を進めているところである。

註で挙げたホームページの最終閲覧はすべて二〇二一年一月現在のものである。

佐倉城下町の文化財施設と文献資料の活用

土佐博文

はじめに

筆者は平成元年（一九八九）佐倉市に就職以来、最初は文化財関係の仕事に担わり、のちに市史編さん担当に移った。大学では日本史学（近世史）を専攻したため、この佐倉という地を研究のフィールドとして、「古文書」を中心とした城下町の文献資料を活用した研究ができないものかと常々考えていた。

佐倉市には市立博物館が設置されていない。国立歴史民俗博物館（以下、歴博と略す）が佐倉城址に設置されていることはよく知られている。しかしながら、同館は日本全体を対象とする博物館であり、「佐倉市のことを対象とした」博物館とはいえないものである。

佐倉市には博物館がないが、文化財施設である、「武家屋敷」「佐倉順天堂記念館」「旧堀田邸」が佐倉城下町に点在し、一般公開されている。筆者が佐倉市職員となった当時は、これらのうち佐倉順天堂記念館しか開館していない状況であった。ただ、旧川崎銀行佐倉支店の建物を利用した佐倉新町資料館という小規模の資料館があり、佐倉城下町の紹介と小展示がなされていた。この資料館は閉館となったあと、現在は佐倉市立美術館のエントランスホールとして利用されている。

その後、武家屋敷旧河原家住宅、旧但馬家住宅、旧武居家住宅が復元公開され、旧堀田邸が保存整備され公開されている。

これらの施設は、復元された当初から現在にいたるまで、建物の保存と活用がメインとされている。しかしながら、これらの建造物は単体で存在するものではなく、その建物と関連する文献資料が残されていることには、いままであまり注目されていない。

筆者がいままで携わってきたのは、古文書等の文献資料であった。そのような関心から、これらの施設と関係する文献資料を関連づけて、施設とともに具体的な佐倉城下町の歴史像を描くことができるのではないか、ということを長い間考えて続けてきた。

佐倉の古文書等の文献資料については、筆者が担当していた市史編さん事業における活用が中心であった。本稿では、佐倉城下町の三つの文化財施設と、それに関係する文献資料を紹介しつつ、文献資料の活用の可能性を考えてゆく。まずは、それぞれの施設とそれに関係した文献資料について紹介する。

一　佐倉武家屋敷

宮小路《みやこうじ》町《まち》の鏑木《かぶらき》小路《こうじ》という通りに武家屋敷「旧河原家住宅」「旧但馬家住宅」「旧武居家住宅」の三棟が復元され一般公開されている。これらの武家屋敷はもともとの敷地にあった但馬家住宅を除いて、同じ鏑木小路の別の場所から移築・復元されたものである。ただし、現在のような形の建物のままで元の場所にあったわけではなく、残されている部材の痕跡などとともに文献資料を参考にして復元されたものである。

佐倉の武家屋敷は藩から貸し与えられているもので、藩から家中の武士に貸し渡される時には、藩から「屋敷渡帳」という文書が出される。旧河原家住宅の復元にあたっては、この文書に記載されている部屋の規模などの内容が参考とされた。写真1は「河原喜右衛門江屋敷相渡帳」である。これは藩の「御作事」という建物の管理部署から、弘化二年（一八四五）三月の河原喜右衛門への屋敷引き渡しに際して出された文書である。この文書に記載された部屋の間取りなどを分析することにより、現状では一部しか残されていなかった旧河原家住宅は復元された。

また、旧但馬家住宅の復元にあたっては、但馬千里家文書（佐倉市所蔵）のなかの屋敷図面類が参考とされている。この屋敷には、もともと数家の武家が居住していたが、明治期に但馬氏がこの屋敷を購入しており、残されている図面はその際に作成されたものと考えられる。

武家屋敷で生活している佐倉藩堀田家中の武士たちの生活についての具体的な記録は少なく、どのような生活をしていたかは不明な点が多い。

ただ、堀田家中の武士がどのような仕事をしていたかという文書は諸家に残されている。武家に伝わった文書には藩主から与えられた知行宛行状、藩からの申渡などがある。また、家代々の役職など記した由緒書などもある。

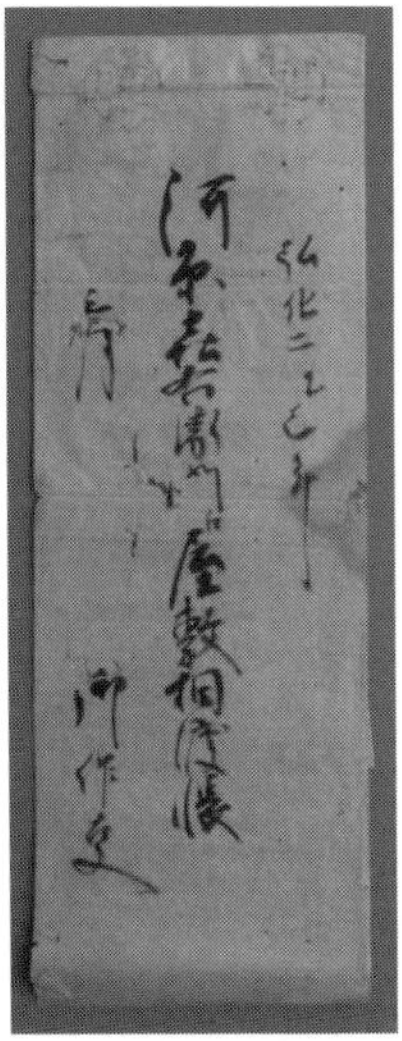

写真1　「河原喜右衛門江屋敷相渡帳」（佐倉市所蔵）

写真2-1・2は代々の当主の役職などの履歴を記した河原家の由緒書で、表紙には寛政三年（一七九一）二月二十一日「河原家代々之由緒取調為後々之ニ認置」とある。これは寛政期の当主である河原幸寛が家に伝わる記

録をもとに認めたものである。このような由緒書は藩の命令により各家で作成されたうえ、藩に提出されることもあったが、この文書のように家の当主が私的に作成したものもある。このような資料はその家代々の事跡を知るうえで貴重な史料である。

写真3は堀田家が安中藩主時代の寛文七年(一六六七)七月五日、当時の河原家当主であった河原伝右衛門が五〇石加増され都合二五〇石となった時の宛行状である。当時の安中藩主は堀田正俊で、このような史料は家の由緒を示すものとして、代々大切に保管されてきたものと考えられる。

佐倉にはこのような武家文書が残されており、それらの史料を分析してゆくことによって、武家屋敷における実態をみてゆくことが可能かと考えられる。

二　佐倉順天堂記念館

佐倉順天堂は、天保十四年(一八四三)蘭方医佐藤泰然によって開かれた蘭医学塾兼病院である。現在は当時の建物の一部が保存・公開されていて、内部には順天堂を中心とした医学史関係の展示がなされている。その展示の一部として、佐倉市が所蔵している佐藤家資料がある。この資料群は佐倉順天堂主であった佐藤家に伝わったもので、歴博において二度ほど展覧会が実施されている。

この資料群は医療器具や医学書が中心であるが、佐藤泰然や佐藤尚中などの書状も含まれている。これらの分析が進めば、現在は建物のみが残る佐倉順天堂の具体的な活動を知ることができる。

また、佐倉順天堂には全国から多くの医学を学ぶために門人が集まってきていたが、それら門人たちの具体的な活

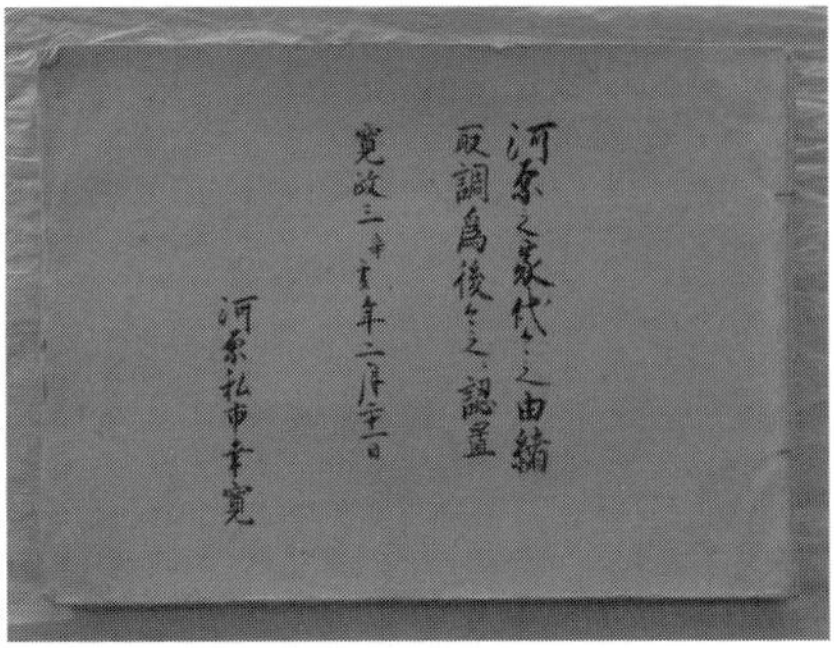

写真２-１　河原家由緒書（佐倉市所蔵）

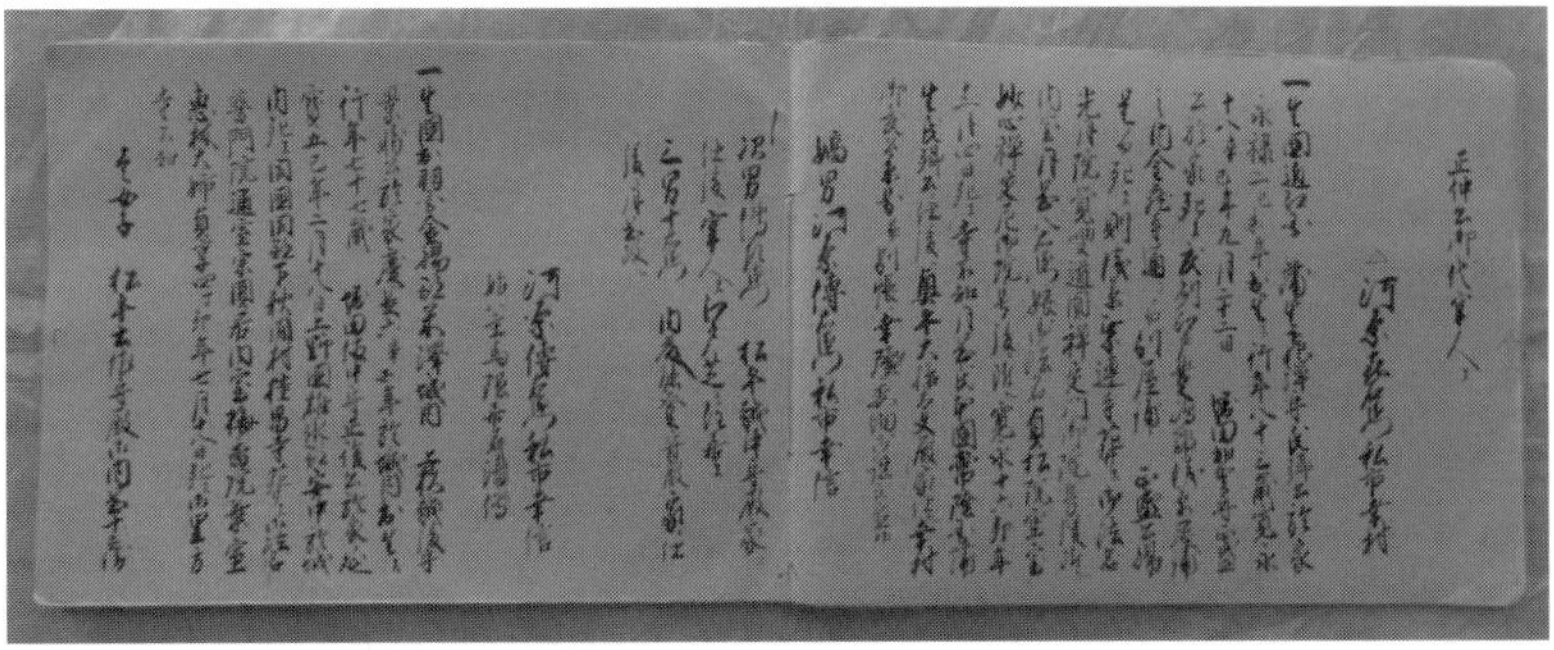

写真２-２　河原家由緒書（佐倉市所蔵）

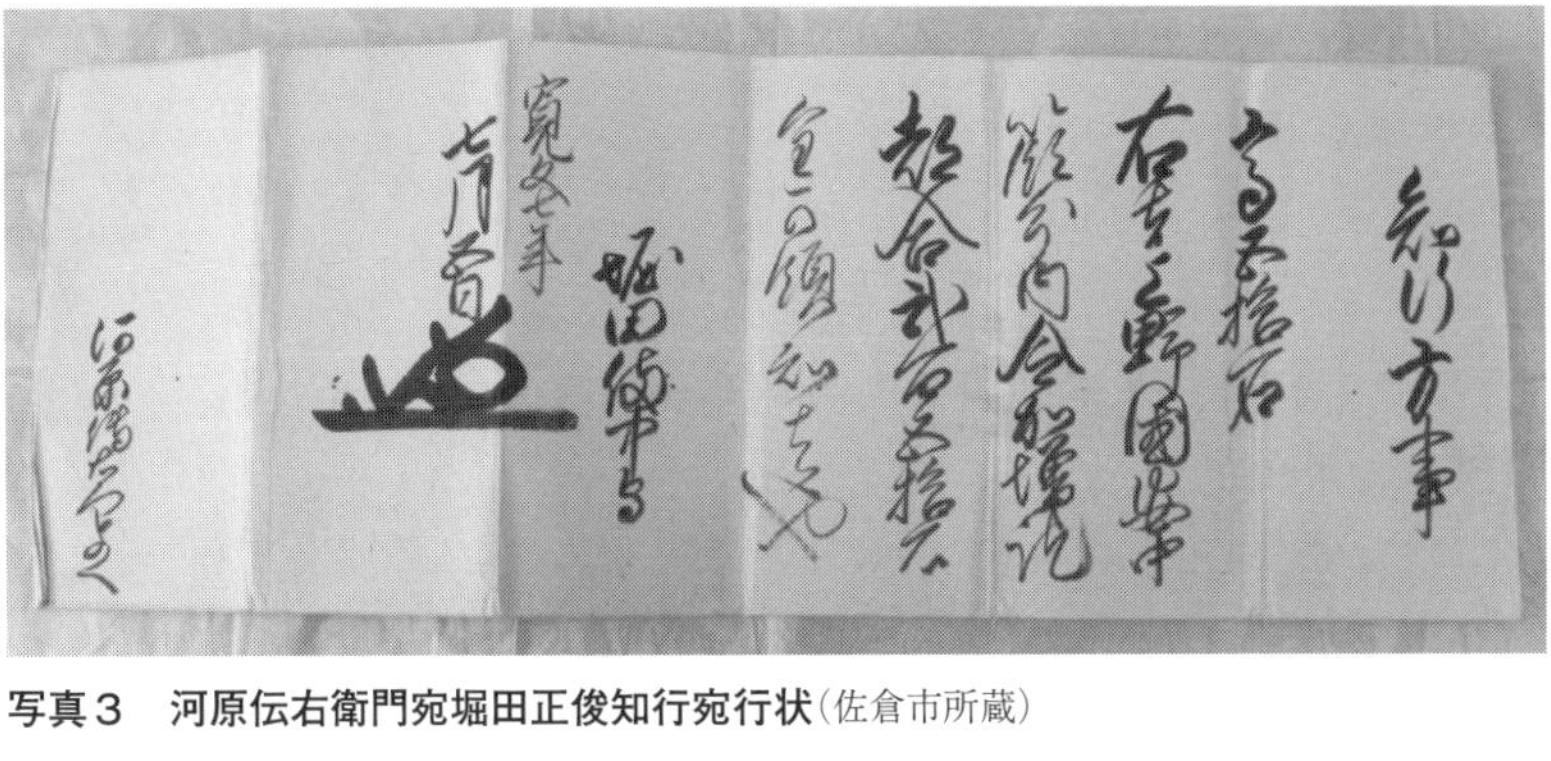

写真３　河原伝右衛門宛堀田正俊知行宛行状（佐倉市所蔵）

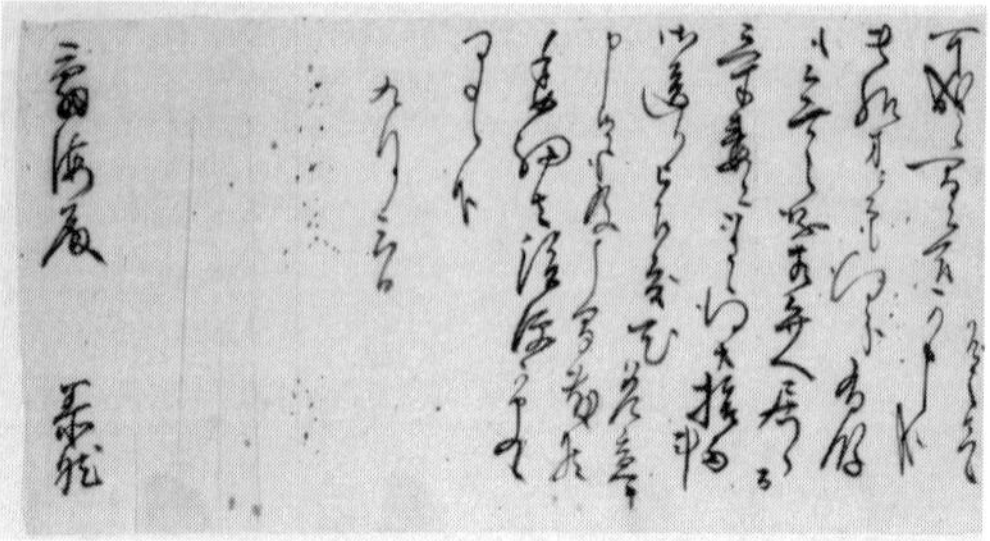

写真４　佐藤泰然書状（佐倉市教育委員会所蔵・国立歴史民俗博物館寄託）

動については不明なことが多い。しかしながら、佐倉に残されている順天堂門人関係資料はほとんどない状況である。全国各地における順天堂門人の調査と資料収集が望まれるところである。筆者が以前仕事で担当していた「佐倉順天堂門人調査」というものがある。これは慶応元年（一八六五）の佐倉順天堂の門人帳「佐倉順天塾社中姓名録」（順天堂大学医史学研究室所蔵）という史料に基づいて全国各地の門人の出身地にアンケート調査を行ったものである。この調査には報告書[1]があるが、今後も継続した調査の実施も考えられる。

佐藤家資料のなかには、佐藤泰然・佐藤尚中の書状も含まれている。これらの一部はかつて紹介されたものもあるが、いずれは全体を翻刻するようなことも考えられる。

写真４は「佐倉順天堂佐藤家資料」に含まれる佐藤泰然の書状の一部である。これらの史料は昭和十六年（一九四一）に当時の佐倉中学校（現千葉県立佐倉高等学校）の村上一郎氏によって書かれた『蘭医佐藤泰然』において一部は利用されているが、その全部については翻刻されていない。このような史料を今後翻刻・活字化を進めてゆくことによって、佐倉順天堂を主宰した佐藤泰然・佐藤尚中のことがよりいっそう理解されてゆくことができると考えられる。

また、佐藤家資料には多くの医学書が含まれている。これらは医学史に詳しい研究者に協力をいただく形でなければ活用が難しいと考えられる。これは今後の課題である。

三　旧堀田邸

佐倉市鏑木町にある旧佐倉藩主堀田正倫の邸宅であった旧堀田邸の土蔵には、堀田家に伝わった「下総佐倉堀田家文書」が保管されている。この史料群は佐倉藩政文書や堀田正睦の外交に関する文書などの近世文書が有名であるが、明治二十三年（一八九〇）に東京から移った堀田正倫に関係する伯爵家の家政文書も多く残されている。

この文書のなかに、佐倉堀田邸建築時の普請関係文書が残されている。現在一般公開されている旧堀田邸の保存整備工事の際には、これらの普請関係文書が活用された。(2)

また、堀田家農事試験場に関する文書も多く残されている。それらについては千葉県史編纂に利用され、『千葉県の歴史』にて一部が活字化されている。(3)いままで、刊行物と保存整備工事に利用されてきた堀田家文書であるが、旧堀田邸という建物に、そこで作成された文書が残されているということが重要だと考えられる。特に、堀田家の執事ともいうべき家扶によって記録された「家扶日記」は、堀田家の日々の動きがわかる格好の史料である。まさに堀田邸という建物における日常が記録されているという点は注目すべきと考えられる。

写真5は佐倉邸の「家扶日記」である。堀田正倫が東京から佐倉に移り住むのが明治二十三年（一八九〇）十一月のことで、それ以降の日記が残されている。この日記には堀田邸の当主である堀田正倫やその家族の動向、堀田邸への来訪者や行われた行事などが淡々と記載されている。堀田邸での日々の動きをこの史料から知ることができる。

堀田家の家扶は佐倉邸と東京邸に一人ずつ配置されていたが、堀田家文書には双方がやり取りした書簡も多く残されている。この書簡を読み解いて分析することによって、堀田家の家政の動きや、佐倉地域との関係もわかってくる

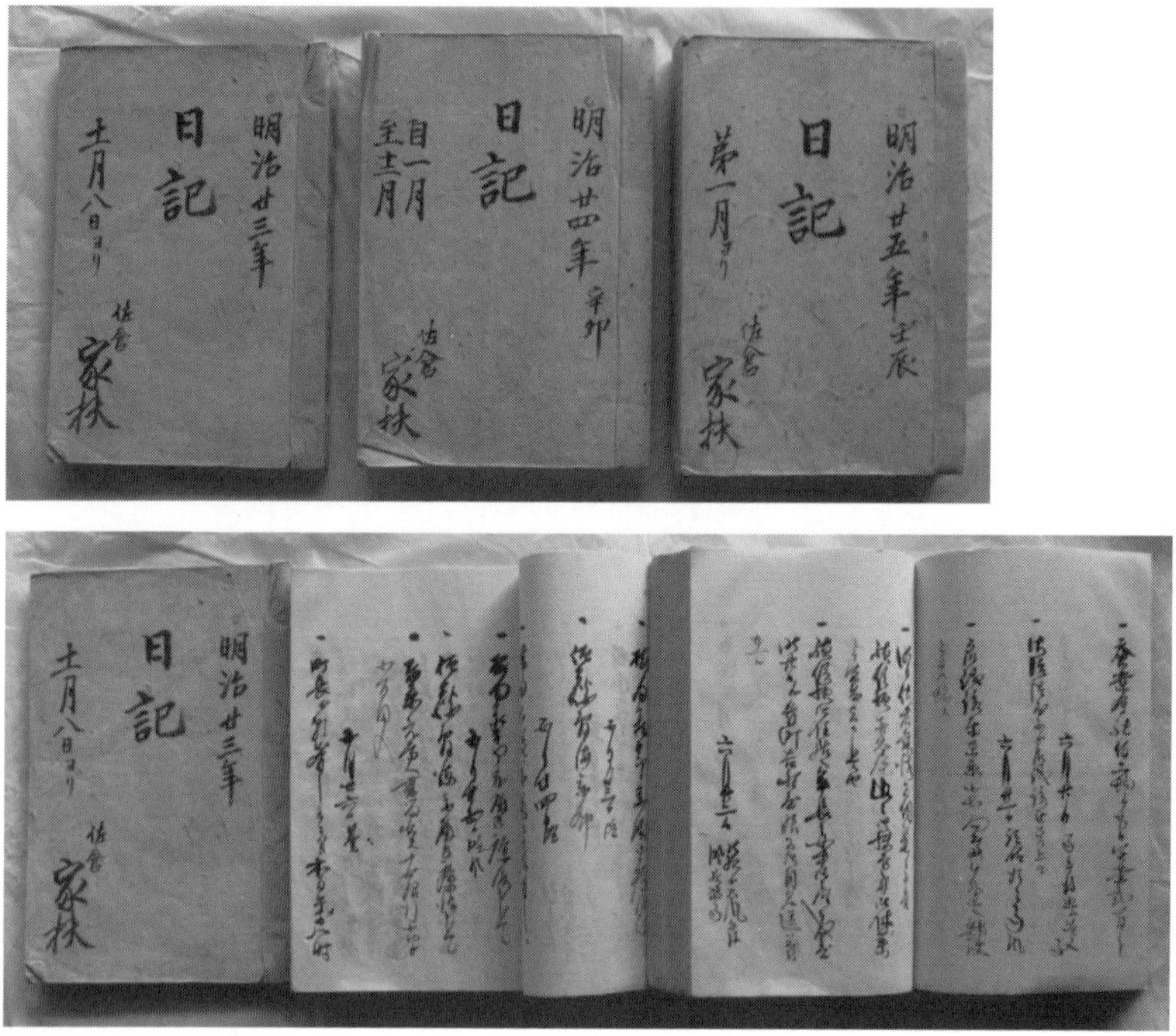

写真５　堀田家「家扶日記」（公益財団法人日産厚生会佐倉厚生園病院所蔵・佐倉市寄託）

と考えられる。しかしながら、これらの書簡の文字は読みにくく、内容についても書簡をやり取りした当事者同士でなければわからないことが書かれている。そのため解読と分析には時間がかかることが難点である。

おわりに

最後に、今後の課題と展望について若干述べたい。

いままで、佐倉城下町の文化財施設と文献資料の活用については、個別に行われていた。今後は文化財施設である建物を拠点として、その建物に関係した文献資料の活用を進めてゆくことが必要だと考えられる。

現在の佐倉には地域史研究の拠点となるような博物館的施設は存在しない。このような現状において、公開されている施設を利用し、歴史資料に基づいた情報発信をすることが必要ではないだろうか。これには、文献や記録史料を編纂して刊行するという、市史編さん事業と連携した活動を模索する方法が考えられる。

以上述べてきた活動は、行政のみではやり得ないことだと思う。そのためには市民を始め、専門の研究者の力も借りなければなしえない。そのためには、市民の幅広い支援と協力が必要となってくる。このことにより「資料を活かす」ということは、資料を保存し伝えてゆくことにつながってゆくと考えている。

註

（1）『佐倉順天堂門人調査中間報告書』（佐倉日蘭協会、一九九六年）

（2）この史料の概要については、『旧堀田邸保存整備工事報告書』（佐倉市教育委員会、二〇〇二）に記載されている。

（3）『千葉県の歴史』資料編　近現代4（産業・経済1）（千葉県、一九九七年）

佐倉における市民と文化財
―公民館事業の事例から―

長谷川　佳澄

はじめに

千葉県佐倉市における市民と文化財の関係において欠かすことができないのが、公民館である。このように書くと大げさなのかもしれないが、現代日本では多くの市民にとって馴染みが薄い文化財と、その市民を繋ぐ接点の一つが公民館事業であるように思う。

そもそも、「文化財」とは何なのか。『ブリタニカ国際大百科事典』では「人間の文化的、生活的活動によって生み出され、残されているもののうち、特に歴史的、文化的価値の高いものをさす」という説明がなされている。具体的にどのようなものが文化財なのかというと、文化財保護法の定義がわかりやすい。

同法では、文化財を、①建造物、工芸品、古文書、考古資料等の「有形文化財」、②演劇、音楽、工芸技術等の「無形文化財」、③衣食住、年中行事等に関する風俗習慣、民俗芸能等の「民俗文化財」、④遺跡や名勝地、動植物等の「記念物」、⑤人々の生活や生業、風土により形成された景観地である「文化的景観」、⑥歴史的な集落・街並みである「伝統的建造物群」と定義している。

これらの文化財を「保存」及び「活用」することにより、国民や世界を文化的に発展させることを目的としているのが文化財保護法で、重要な文化財を国が国宝や重要文化財等に指定・選定・登録する(無形文化財は指定の他に記録も行う)ことで重点的に保護している。国だけではなく、県や市町村も同様の制度を設け、失われがちな文化財を保護してきた。

さて、文化財に携わる仕事をしていると、古文書や古い工芸品を見た人から、評価の指標としてか、価格を尋ねられることが多い。また、国や県や市町村が指定しなければ「文化財」ではなく価値がないものと誤解している人もいるのではないだろうか。文化財保護法が「文化財」として定義するものは多岐にわたるが、それらは昔から人々の生活と共にあったものである。つまり、時代を経て日常が変化したことにより歴史的・文化的価値を認識されるようになったというだけで、本来、文化財は私たちにとって非常に身近なものであり、金銭的な価値や希少性だけではその価値を説明することはできないのだ。文化財保護法の目指す文化財による文化の発展には、先述のような人々の「誤解」を解きつつ、文化財を人々と共にあるものとして認識してもらうことが大切だ。

その一方で、自分の住む地域の歴史や文化に対し関心を抱く人々もいて、佐倉市の場合、公民館等が主催する歴史や文化財に関する講座や講演会は人気が高い。参加者は子育てや仕事がひと段落ついた、六〇代以上の人が多い印象である。また、市内にある国立歴史民俗博物館の古文書講座等に参加する人もいるようである。

そして、文化財と人々との関係を再認識し、または新たな関係構築に寄与するものの一つが、公民館である。公民館は社会教育施設の一つであり、その設置目的は、社会教育法第二十条で「市町村その他一定区域内の住民のために、実際生活に即する教育、学術及び文化に関する各種の事業を行い、もつて住民の教養の向上、健康の増進、情操の純化を図り、生活文化の振興、社会福祉の増進に寄与することを目的とする」と規定されている。この目的を達成するため、同法第二十二条において以下の事業を公民館は実施するとしている。

すなわち、①定期講座を開設すること、②討論会、講習会、講演会、実習会、展示会等を開催すること、③図書、記録、模型、資料等を備え、その利用を図ること、④体育、レクリエーション等に関する集会を開催すること、⑤各種の団体、機関等の連絡を図ること、⑥その施設を住民の集会その他の公共的利用に供すること、である。「学術及び文化に関する各種の事業」として、地元の歴史や文化に関する講座や講演会等、各種事業が実施され、郷土史や文化財を学ぶサークルが公民館を拠点に活動しているのである。佐倉市の場合、講座の実施はもちろんのこと、地元の地誌的なものを公民館が刊行していた時期もあり、市史編さん事業の最初期を支えたのが公民館であった。

　そこで本稿では、佐倉市の公民館における地域史や文化財関連の事業を紹介しつつ、公民館事業を通して市民と文化財との関係について考察したい。

　なお、本論に入る前に佐倉市の公民館について簡単に紹介する。現在、佐倉市には、中央公民館（昭和二十二年（一九四七）四月設置、佐倉市鏑木町一九八―三）、和田公民館（昭和二十九年四月設置、佐倉市直弥五九）、弥富《やとみ》公民館（昭和二十九年四月設置、佐倉市岩富町一五一）、根郷《ねごう》公民館（昭和二十九年四月設置、佐倉市城三四三―五）、志津公民館（昭和二十九年四月設置、佐倉市上志津一六七二―七）、臼井公民館（昭和五十九年十一月設置、佐倉市王子台一丁目一六）の六館がある。

　一般的な公民館設置の目安としては、一中学校区に一館と言われているが、佐倉市の場合は中学校区ごとではなく、合併前の旧町村が元になった地区[1]ごとに設置されている。

　各公民館は佐倉市教育委員会の直営施設であり、家庭教育事業、青少年教育事業、成人教育事業、コミュニティ事業、団体育成事業、広報・展示事業をそれぞれ企画・実施している。各公民館は地区の特色や公民館の立地によって異なる特徴を有し、それが事業内容にも反映されている。また、中央公民館の四年制高齢者大学校「佐倉市民カレッジ」を始め、根郷公民館の「根郷寿大学」、志津公民館の「しづ市民大学」、臼井公民館の「コミュニティカレッジさくら」といった、「大学」と名前のつく連続講座を実施しているのも特徴の一つだろう。

一　佐倉市立公民館における地域史・文化財関連講座

佐倉市の公民館事業において、地域史や文化財関連の事業はいくつかの形態がある。代表的なのは、単純に知識を得ることを目的とする連続講座や講演会である。平成二十九年(二〇一七)度の各公民館の事業のうち、地域史や文化財に関する講座・講演会は、全館合わせて二三事業であった(2)(表1)。基本的には成人を対象としたものであったが、和田公民館や弥富公民館では、小学生ないし中学生を対象とした機織り体験や、千葉県指定無形文化財である「立身流」の剣道教室が開催された。いずれも、佐倉市ないし各地区の民俗や歴史に対する理解や地域への愛着を深めることを目的として実施されている。講座の形態はさまざまで、一回のみ開催される講演会、同一テーマを複数回連続で受講する連続講座、さらにはさまざまなテーマを取り上げる連続講座のうちの一回のみ地域史を取り上げる場合もある。いわゆる「座学」が多いが、伝統工芸等の体験学習や、散策や現地見学会等も行われ、地域に残された文化財を参加者が直接体感できる機会となっている。

地域史や文化財に関する講座・講演会は、以前から佐倉市の公民館で行われてきた。一番新しい臼井公民館開館後の昭和六十年(一九八五)度の各公民館の事業のうち、全館合わせて七つの地域史や文化財に関する講座が実施されている(3)(表2)。それらの講座は、成人教育や婦人教育、高齢者教育として実施されていた。平成二十九年(二〇一七)度と比較すると事業の数が少ないように感じるが、昭和六十年度の講座はすべて複数回の連続講座、ないし複数テーマ

表1　平成29年度佐倉市立公民館　地域史・文化財関連講座一覧

公民館名	分類	事業名	回数	備考
中央公民館	成人教育	佐倉学講座「佐倉藩堀田家の家屋敷～歴史資料からみた屋敷のすがた～	3回	講演会1回、散策2回。
		佐倉学講座「野村胡堂「町人十萬石」」	全2回	
		佐倉学講座「古今佐倉真佐子を歩く」	全1回	
	高齢者教育	四年制高齢者大学校「佐倉市民カレッジ」	—	第1～第2学年は共通課程、第3～第4学年は4つのコースに分かれる専門課程。地域史関連は第1～2学年と第3～第4学年の「さわやか歴史コース」で実施。
和田公民館	青少年教育	伝統文化体験教室	3回	
和田公民館 弥富公民館	成人教育	佐倉・城下町400年記念事業　北条氏勝ゆかりの地めぐり	全2回	和田公民館・弥富公民館共催事業。
弥富公民館	青少年教育	弥富剣道教室	全38回	
	成人教育	春の弥富散策会	全1回	
		佐倉学入門講座「中世の弥富」	全2回	
		佐倉学入門講座「弥富の民俗」	全1回	
		佐倉・城下町400年記念事業　佐倉学専門講座「塩古ざるづくり」	全7回	
根郷公民館	成人教育	佐倉・城下町400年記念事業　佐倉学講座　郷土の刀と鍔を学ぶ	全5回×2	
		佐倉・城下町400年記念事業　佐倉学講座　佐倉藩と虚無僧	全1回	
		佐倉学講座　縄文時代体験講座	2回	対象は中学生以上
		佐倉学講座　総武本線《佐倉―銚子間》開業120周年記念事業	3回	講演会2回、見学会1回。JR佐倉駅及び佐倉市立美術館で展示も実施。
		佐倉学講座　根郷ふるさと探訪	3回	
		佐倉学講座　中世の古道　下総道を歩く	全3回	
		佐倉・城下町400年記念事業　佐倉学講座　伝統の根郷産こんにゃく作り体験	全1回	
志津公民館	成人教育	しづ市民大学	各19回	地域史関係は「しづ学入門コース」にて実施。
		佐倉・城下町400年記念事業「佐倉道を歩く」	全5回	
		佐倉・城下町400年記念事業「井野長割遺跡」を学ぶ	全4回	
臼井公民館	成人教育	佐倉学専門講座「利根川図誌赤松宗旦ゆかりの布川を訪ねて」	全1回	
		佐倉学専門講座「映像でたどる臼井・千代田」	全1回	
		佐倉学体験講座「ちょっといいとこ見て歩き～臼井の成田道を歩く～」	全1回	

『平成29年度　佐倉市立公民館のまとめ』（佐倉市立公民館発行）より作成。
連続での受講を求められる講座は「全○回」と表記。

表2　昭和60年度佐倉市立公民館　地域史・文化財関連講座一覧

公民館名	分類	事業名	回数	備考
中央公民館	婦人教育	古今佐倉真佐子	全17回	
	成人教育	郷土史講座	全23回	一部講座は高齢者短大との合同。
	高齢者教育	高齢者短期大学校		2年制。一般教養学科と専門教養学科に分かれるが、両学科に郷土史関連講座あり。
根郷公民館	高齢者教育	寿大学	全10回	一部郷土史関連の講座もある。
志津公民館	成人教育	季節のひろば	6回	
		郷土学習講座 「私の郷土・志津」	全10回	
臼井公民館	成人教育	郷土史講座	全15回	2年制。

『佐倉市立公民館のまとめ(昭和60年度)』(佐倉市立中央公民館発行)より作成。
連続での受講を求められる講座は「全○回」と表記。

の連続講座の中で地域史等を取り上げたものであり、学習内容は多彩なものであった。

昭和六十年(一九八五)度の地域史や文化財関連の講座も佐倉市や各地区の歴史や民俗、自然への理解を深めることを目的としているが、開設趣旨や学習目標を見ていると、平成二十九年(二〇一七)度には見られない特徴がある(以下、傍線は筆者が補った)。

・「志津に住んで間もない人々が大半をしめる地域柄、だれでもが簡単に参加でき、気軽に文化財や風土にふれることができる機会を提供し、佐倉を自分の故郷として感じられるような場とする」(志津公民館「季節のひろば」開設趣旨)

・「故郷喪失の時代」と言われる今日、自分の住んでいる志津を①自然、②村の生活(民俗)、③歴史などの方向から学び、①自然の恩恵とその大切さ、②人の生活の大切さ、③故郷を持つことの安心感と故郷作りの大切さ、を認識し、活動できる市民となるための援助をする」(志津公民館・郷土学習講座「私の郷土・志津」学習目標)

・「新興住宅地である臼井地区は現在新住民の転入が多く、

日増しに人口が増加してきています。これらの、新しく佐倉に住む人達は、自分の住む町のことを少しでもよく知ろうという気持ちが強く、また、隣り近所を含めての仲間を求めています。これらの状況から公民館として、地区の住民に佐倉という郷土を正しく認識してもらい、将来の町づくりや住民自治ということを学習していくことは大変重要なことだと考えます。（後略）」（臼井公民館「郷土史講座」開設趣旨）

佐倉市では昭和四十年（一九六五）代から宅地開発が進み、人口増加が進んだ。志津公民館のある志津地区や臼井公民館のある臼井地区は、区画整理事業や宅地開発が進み人口が増加していた。この二館は、市外からの転入者（いわゆる「新住民」）の増加を意識し、それらの人々に「佐倉」を知ってもらうことで佐倉への「郷土愛」を醸成するための事業を実施していた。この二館はもちろん、それ以外の公民館でも、昭和五十年代から既に地域史や文化財に関する事業が実施されているが[4]、それは人口増加とそれに伴う諸課題を反映したものだったのだろう。

公民館の事業は、単に個人が知識を身に着けることだけを目的として実施されるわけではない。住民の学習ニーズに応えつつ、社会教育法にいう「生活文化の振興、社会福祉の増進に寄与」しなければならない。そしてそれは、担う人材を育成するということである。地域史や文化財に関する講座の開設趣旨や学習目標からは、新たに佐倉市民となった人々が佐倉や地域への愛着を持つことがまちづくりの原動力となる、という考えを読み取ることができる。地域史や文化財は、その愛着を育むための良い「素材」と見なされていたのだろう。

郷土への愛着がまちづくりに繋がるという考え方は、平成十五年（二〇〇三）度から始まった「佐倉学」にも受け継がれている。「佐倉学」は、佐倉市の教育の重点施策のうちの一つで、学校教育及び社会教育において佐倉の自然、歴史、文化、ゆかりの人物について学び、将来に生かすことを目的としている。

平成十五年（二〇〇三）四月発行の『佐倉学の手引き　閲覧用』[5]では、佐倉学を学ぶ理由について、次のように書かれている。

佐倉には、印旛沼などの恵まれた自然や、古代からの歴史があり、また城下町として培われた文化や、優れた業績を残した人々がいます。さらに新しく作り出された地域文化があります。

佐倉学はこれらを学ぶことにより、郷土に対する愛着と誇りが持てるようになり、佐倉に住んで良かったと思う心が生まれます。

また、「佐倉の「自然・歴史・文化のまち」づくりの共通理解となる考え方」を佐倉学で学べるとし、その学習の効果として、①人々の心が豊かになり、個の品格が高まり、まちに潤いが生まれる、②地域から日本を考え、国際社会で活躍できる人材が育つ、③佐倉を学ぶことにより、地域への理解と愛着を深め、誇りが生まれ、ひいては住みよいまちづくりを考えられるようになる、を挙げている。

『佐倉学の手引き　閲覧用』では、「佐倉学」の実践にあたり、社会教育と学校教育それぞれに取り上げるテーマを自然・歴史・文化に分類し、例示している。社会教育の分野のテーマの中には「文化財散策」があり、九つの地域の散策が例示されている。散策では、参加者がこれまで日常生活の中で気づかなかった地域に残る文化財や風景に実際に触れることができる。自分たちの住む地域を全く別の視点で見ることとなり、地域の良さや課題を見出す良い機会となる。地域史や文化財に関する講座の開設趣旨や学習目標を遂げるには魅力的な手法と言えるだろう。そのためか、昭和六十年(一九八五)度でも平成二十九年(二〇一七)度でも地域を散策する事業は行われている。

それでは、実際に佐倉市立公民館の地域散策の講座は、どのように実施され、参加者はどのような思いを抱くのだろうか。筆者は、志津公民館が平成三十年(二〇一八)度に実施した「しづ市民大学　しづ学入門」という連続講座の「城下町佐倉の歴史散策」の回を取材する機会を得たので、同講座を例に見てみたい。

「しづ市民大学」は平成二年（一九九〇）度に始まった通年の連続講座である。[6]心豊かで充実感ある人生を送るための学習の場を提供すると共に、学習を通じて地域の連帯をはかり、その成果を生かした「まちづくり」に貢献することを目的に、多彩な学習を学習者自らが創造し、企画並びに運営活動に参画し、市民活動の推進を図っている。テーマごとにコースが分かれており、平成三十年度は「しづ学入門」「地域健康学」「くらしの情報学」「おやじの食事学」の四コース、全一九回ずつが開設された。このうち、「しづ学入門」は、「地元の志津地域や佐倉の歴史・文化・自然などについて学習する場を提供し、自らの学び経験をとおして地域社会の活性化に貢献し、心豊かで住みよい生活地域の実現に寄与する」ことを学習目標に掲げている。[7]

平成三十年（二〇一八）度の「しづ学入門」の学習プログラムは、志津地区及び佐倉市の自然や歴史・文化等多彩なテーマであった。取材をさせていただいた「城下町の歴史散策」は、平成三十年十二月一日に実施され、参加人数は三四人、京成佐倉駅からスタートし、旧城下町を散策する内容であった。

当日は、「NPO法人　佐倉一里塚」のメンバーが散策の講師として受講生を案内した。佐倉一里塚は、佐倉の歴史遺産のガイドを行う目的で平成十九年（二〇〇七）に佐倉市民カレッジ卒業生（一二人）を中心に結成された任意団体「佐倉歴史案内人の会」を前身とし、平成二十年九月に「佐倉一里塚」と改称、十二月にNPO法人として認証された。[8]現在は、月に一回勉強会を開き、史跡や神社等について学びつつ、旧城下町等のボランティアガイドや地元イベントへの協力を中心に活動をしている。平成二十九年度には五二団体・一五八五人を案内した実績を持ち、公民館の歴史散策で案内人を務めることもある。

当日の散策は、京成佐倉駅を出発し、旧佐倉藩主の菩提寺である不衿院安城山甚大寺（天台宗）や、玉宝山松林寺（浄土宗）、旧堀田邸、佐倉武家屋敷、麻賀多神社等を約三時間三〇分ほどかけて見学した。これらは佐倉の観光マップ等にも掲載される代表的な文化財であるが、それ以外に地元の人でなければ知らないような細い裏道を通り、観光マップに載っていない小さな祠や墓石、井戸跡等を巡った。案内人は、そのような「知られざる」スポットも丹念に解説をしていた。

参加した受講生にも「知らなかった裏道を多く通ることができ、新鮮であった」、「小さな神社や史跡がこんなにあるとは知らなかった。勉強になった」と好評であった。受講の感想を尋ねた際、「仕事をしているときには知ることがなかった地元のことを知ることができるのが良い」と答えた方もいた。「佐倉や地域への愛着を持ってほしい」という、講座の開設趣旨や学習目標は、ある程度は達成できているのではないだろうか。

また、受講生の中には、別の公民館で活動している歴史同好会に参加している人もいて、「散策や発表会の資料作りは大変だが、楽しい」と、生き生きと活動をしている様子だった。案内をしてくださった佐倉一里塚のメンバーは、公民館で学んだ人々が文化財を通してまちづくりに携わる事例と言うことができると思うが、平成三十年(二〇一八)度の受講生たちが今後どのように学び、活動していくのか期待される。

二　公民館活動と刊行物

以上のように、公民館における地域史や文化財に関する講座・講演会の事例を見てきたが、地域史や文化財に関する公民館事業の形態は、講座や講演会に限られるわけではない。たとえば、和田公民館分館(佐倉市八木八五〇―一　和田ふるさと館内)には民俗資料展示室があり、民俗資料等の展示を行っているし、平成二十九年(二〇一七)度に根郷公民館は「総武本線《佐倉―銚子間》開業一二〇周年記念事業」として地元を通る鉄道に関する展示・講演会・見学会を

行っている。(9)

なかでも興味深い事業としては、地域史や文化財に関する刊行物の刊行を挙げることができる。佐倉市の場合、市史編さん事業も、まず公民館事業として始まった。合併前の旧佐倉町時代、佐倉町公民館の助成を受けて機関誌『佐倉地方文化』を刊行した佐倉地方文化同好会が、昭和二十九年（一九五四）九月に郷土誌編さんの声を挙げ、公民館事業として編さん委員を委嘱し謄写版の資料集を刊行した。『佐倉市史』（当時は『佐倉市誌』）の刊行は、昭和三十八年一月九日の「佐倉市史編さん委員会条例」制定に伴い市長部局の総務課が主管し新たな計画の下で行うこととなった。(10)しかし、地元研究家たちの活動とそれを支援した公民館がその最初期を築いたと言っても過言ではない。

そして、昭和五十年（一九七五）代になると、各公民館の郷土史講座の受講生たちがまとめた各地区の歴史や地誌を、市史編さん委員や公民館職員が監修し、公民館が刊行する動きが盛んになる。代表的な刊行物を表3に示した。そのうちの一つである『新佐倉真佐子《まさご》　佐倉お茶の間風土記』(11)の序文にあたる「新佐倉真佐子の作製について」に、次のような一文がある。

　数年前から中央公民館で開講されていた篠丸（頼彦―筆者註）先生や、壇谷（健蔵―筆者註）先生の郷土史講座や、青柳嘉忠先生の「新撰佐倉風土記」「古今佐倉真佐子」の解説講座が終った昭和五十年の暮ごろ、私たちの手で明治以後の町の移り変りを探って「茶の間」で語る風土記のようなものを、書き残して一文をまとめて見ようということになり、一昨年正月より足でまとめる調査が始まりました。そうして思ったより長い時間がかかりましたがようやくまとまったのが「新佐倉真佐子」です。

篠丸氏は佐倉市史編さん主任であり、壇谷氏・青柳氏は編さん委員であったが、当時各公民館の地域史や文化財関係講座の講師を多く務めていた。(12)これらの講座を受講した人々が、時代とともに失われていく町の歴史や風景を記録

表３　主な佐倉市立公民館刊行物

刊行物名	作者・編集	監　修	発行者	発行年	備考
新佐倉真佐子 佐倉お茶の間 風土記	佐倉市立中央公 民館内 新佐倉真佐子を 作る会	―	佐倉市立中央公 民館内 新佐倉真佐子を 作る会	1979年	
根郷風土記	根郷公民館 郷土史講座	青柳嘉忠 （市史編さん委員）	佐倉市立根郷公 民館	1981年	
弥富風土記	髙橋三千男ほか	松裏善亮 （市史編さん委員）	弥富風土記 編纂委員会	1987年	小学校記念事業として編さん。弥富公民館及び中央公民館職員が編集に携わる。
和田村史	和田郷土史編纂 委員会	青柳嘉忠 （市史編さん委員）	佐倉市立和田公 民館	1988年	
臼井宿回顧	佐倉伝説めぐり の会	―	佐倉市立臼井公 民館	1992年	当時、中央公民館職員だった高橋三千男氏の音頭により、1980年に調査開始。
馬渡風土記	新根郷風土記を つくる会	髙橋三千男	佐倉市立根郷公 民館	1998年	
臼井千代田の 百科事典	郷土を知る事典 をつくる会	高橋健一	佐倉市立臼井公 民館	2002年	編集は臼井公民館職員。

このほかにも、地区の写真や、民俗、民話を編集した刊行物等、多数が存在する。

に残そうと、現地に足を運び、住民の話を聞きながらそれらを刊行物にまとめ上げた。『新佐倉真佐子　佐倉お茶の間風土記』以外のものも、受講生や地域住民の熱心な調査の成果を公民館事業としてまとめ上げ、刊行したものである。

これらの刊行物は、昭和五十年（一九七五）代以降に公民館が行った地域史や文化財の講座の企図した効果の現れと言うことができる。そして、現在これらの刊行物は地域の姿を伝える貴重な記録となっており、公民館で地域史を学ぶ人々に読まれている。

また、和田地区では、長老たち自らが次世代に自分たちの地区の歴史を伝えるべく『和田村史』の編集を行い、市史編さん委員の青柳氏が監修し、和田公民館が事務局となって刊行している。[13]和田地区では、和田小学校ＰＴＡが昭和四十五年（一九七〇）から民俗資料の調査と収集を行っており、[14]それらの収集品は現在和田公民館分館の民俗資料室に展示されている。公民館は地域に受け継がれてきた生活や歴史を記録し残したいという人々の活動を支援し、地域史や文化財の継承に寄与してきたのである。

おわりに

地域史や文化財を通して地域への愛着を育て、それをまちづくりに繋げるという目的が、佐倉市立公民館における地域史及び文化財関連事業にはあった。実際に、これまでの日常生活で地域に残された文化財に触れることがなかった参加者は、講座を通してそれらを知ることで、地域を再認識している。公民館事業の参加者の中には、その学習成果を刊行物や地域活動へと繋げている人もいるが、そこまではできなくても、地域に残された文化財に対する視線は変わる。事業に参加できる人数は限られるが、継続的に事業を実施することで、文化財、ひいては地域に対する理解や愛着を持つ人を増やし、やがて、それが地域文化の醸成に繋がると信じたい。

註

（1）　佐倉市は昭和二十九年（一九五四）三月に、佐倉町・臼井町・和田村・弥富村・根郷村・志津村の六町村が合併し成立した。昭和三十二年には四街道町から旧千代田町の五集落を編入している。現在、ほぼ合併前の旧町村の区域と重なる七つの地区（佐倉地区・臼井地区・和田地区・弥富地区・根郷地区・志津地区・千代田地区）ごとに各種団体等が組織されており、公民館も地区ごとに一館が設置されている。ただし、千代田地区のみ公民館はなく、臼井公民館が臼井・千代田地区の公民館として位置づけられている。なお、佐倉市合併以前に公民館を設置していた旧町村もあるが、設置年は『佐倉市立公民館のまとめ』に準拠した。

(2)『平成二十九年度　佐倉市立公民館のまとめ』(佐倉市立公民館、二〇一八年)。

(3)『佐倉市立公民館のまとめ(昭和六十年度)』(佐倉市立中央公民館、一九八六年)。

(4)『佐倉市公民館のまとめ(昭和五十四年度)』(佐倉市立中央公民館、一九八〇年)。

(5)内田儀久・渡部八重子監修『佐倉学の手引き　閲覧用』(佐倉市教育委員会、二〇〇三年)。

(6)「しづ市民大学」という名称の講座は平成元年度にもあったが、①運営委員による運営、②複数のコース、という現在の講座形態になった平成二年度を第一期としている。

(7)「志津こうみんかんだより　しづ」第二四二号(佐倉市立志津公民館、二〇一八年)。

(8)「NPO法人　佐倉一里塚ホームページ」。

(9)前掲註(2)。

(10)佐倉市史編さん委員会編『佐倉市史　巻二』(佐倉市、一九七一年)。

(11)「新佐倉真佐子　佐倉お茶の間風土記」第二版(佐倉市立中央公民館内　新佐倉真佐子を作る会、一九六一年)。

(12)青柳氏が講義した「新撰佐倉風土記」及び「古今佐倉真佐子」は、近世の佐倉について書かれた地誌である。

(13)和田郷土史編纂委員会編『和田村史』(佐倉市立和田公民館、一九八八年)。

(14)佐倉市立和田小学校PTA編『和田のなりわい』(佐倉市教育委員会、佐倉市立和田小学校PTA、一九七四年)。

付記　本稿の執筆にあたり取材をさせていただいた「しづ市民大学　しづ学入門」の運営委員及び受講生、NPO法人佐倉一里塚、そして佐倉市立志津公民館の皆さまに、厚く御礼を申し上げます。

Ⅱ　城下町館山と城跡

館山城下町の成立と展開にみる地域特性

岡田晃司

一　館山市の市街地

1　館山市街地の構成

近世初頭に里見氏が形成した館山城の城下町は、その後現在に至るまで、交通手段の変化とともにその姿を変え現在の市街地へと拡大してきたが、館山平野に形成される館山市の市街地は、成立起源を異にする北部（船形・那古《なご》）と南部（北条・館山）の二つの市街地からなっている。

千葉県の南端に位置する館山市の現在の市街地は、館山湾に近接して海岸に沿うように展開し、北部には船形地区と那古地区の市街があり、南部に北条地区と館山地区の市街がある。

北部にある船形地区の市街地は、近世の漁村船形村の湊を中心とした街区と、大正時代に開業した内房線那古船形駅を中心に開かれた街区からなる。那古地区の市街地は坂東観音札所の結願寺那古寺の門前町として開かれた街区であり、船形・那古の両市街地をつなぐ位置には、地震隆起によって近世中期以降に成立した新町がある。

一方湾岸南部では、海岸と並行するように館山地区と北条地区の市街が広がる。安房地方の中核都市としての歴史をもつ館山市の中心街であり、商業施設や金融・行政施設が集中している。

北条地区の市街地では、海岸線に並行した五本の通りに面してそれぞれ商業施設などが建ち並ぶが、この五本の通りに直交する道は一本で、木造桟橋が残る海岸から内陸へ向かう通りに商業施設が建ち並び、六軒町本通りと呼ばれている。海岸の通りは観光開発の目的で昭和三十年(一九五五)代に開通した通りで、二本目の通りは大正時代の内房線館山駅の開業とともに展開した商店街であり、銀座通りと呼ばれている。三本目は近世に北条村の浜方集落であった六軒町の住宅街で、四本目は明治時代に安房郡役所をはじめとする行政施設が建ち並んだことから、官庁通りと呼ばれていた旧商店街。五本目はクルマ社会の発展の中で平成初期に開通した国道バイパスである。

館山地区の市街地は後背に丘陵が迫ることから、海岸に並行する道は戦後開発の海岸道路と館山地区の商店街を抜ける県道の二本だけで、これに直交する道は、かつて東京と行き来した汽船の終着桟橋と館山地区の商店街を結ぶ通りだけである。商店街を抜ける県道は海岸と並行して西へ延び、館山地区の柏崎まで市街地が続いている。

船形や那古の市街地は館山・北条の市街地とは成立起源が全く異なり、市街地としても館山地区からは続いていない別地域である。館山城の城下町は館山地区と北条地区の市街地の中に展開していたもので、以下は湾岸南部を中心に解説していく。

2　町並みと地形の特徴

館山湾に面した平野部で海岸に並行した通りが設けられているのは、地形的な要因によるもので、特に湾岸南部で市街地が形成される過程では町の特徴をつくりだした。

地形図や航空写真で確認できることだが、館山平野の集落は海岸線に沿って平行に連なっており、住宅が並ぶ集落の線が幾筋も平野の奥へ向かって並んでいる。これらは海岸に形成された砂帯が地震によって隆起した砂丘列であり、縄文中期以降に幾度も繰り返されてきた地震隆起の痕跡である。当然のことながら、丘陵が海岸近くまでせり出してくる岩盤地帯では砂丘に代わって段丘が形成されている。そして、それぞれの砂丘間は低湿地となり、高度経済成長期に住宅開発が進むまでは水田が広がっていた。平成時代に低湿地帯に建設した国道バイパスを除けば、北条地区にある通りはいずれも砂丘上に設けられたものであり、その通りに沿って街区が形成されている。従って基本的に砂丘と砂丘を結ぶ通りに古い街区はない。

新しい地震隆起は大正十二年（一九二三）の関東大震災にともなって起きているが、近世初頭の里見氏の時代と大きく景観を変えた地震隆起は元禄十六年（一七〇三）の元禄地震であり、これによって館山湾岸で約四ｍから五ｍの隆起が生じ、海岸線が最大五〇〇ｍ延伸した。この時の隆起で誕生した土地に館山駅が建っているが、駅東口の交差点との高低差は銀座通りが砂帯につくられたものであることを物語ってくれる。元禄地震以前の銀座通りは海岸の砂浜だったのであり、慶長期を中心に行われていた里見氏による城下町づくりは、この地形変化を前提に捉えなければならないことがよくわかるだろう（図１）。館山市での歴史理解において歴史地理の理解は極めて重要である。

二　歴史遺産としての館山城と城下町

１　館山市史跡「館山城跡」の歴史と現状

館山城跡は、城山と呼ばれる標高六五・七ｍの独立丘として知られている。城山の山裾には高さ二ｍ～五ｍの切岸がぐるりと巡らされ、その周囲には沼地だったと伝承される水田や、堀跡と推定される水田が一部に残され、また発

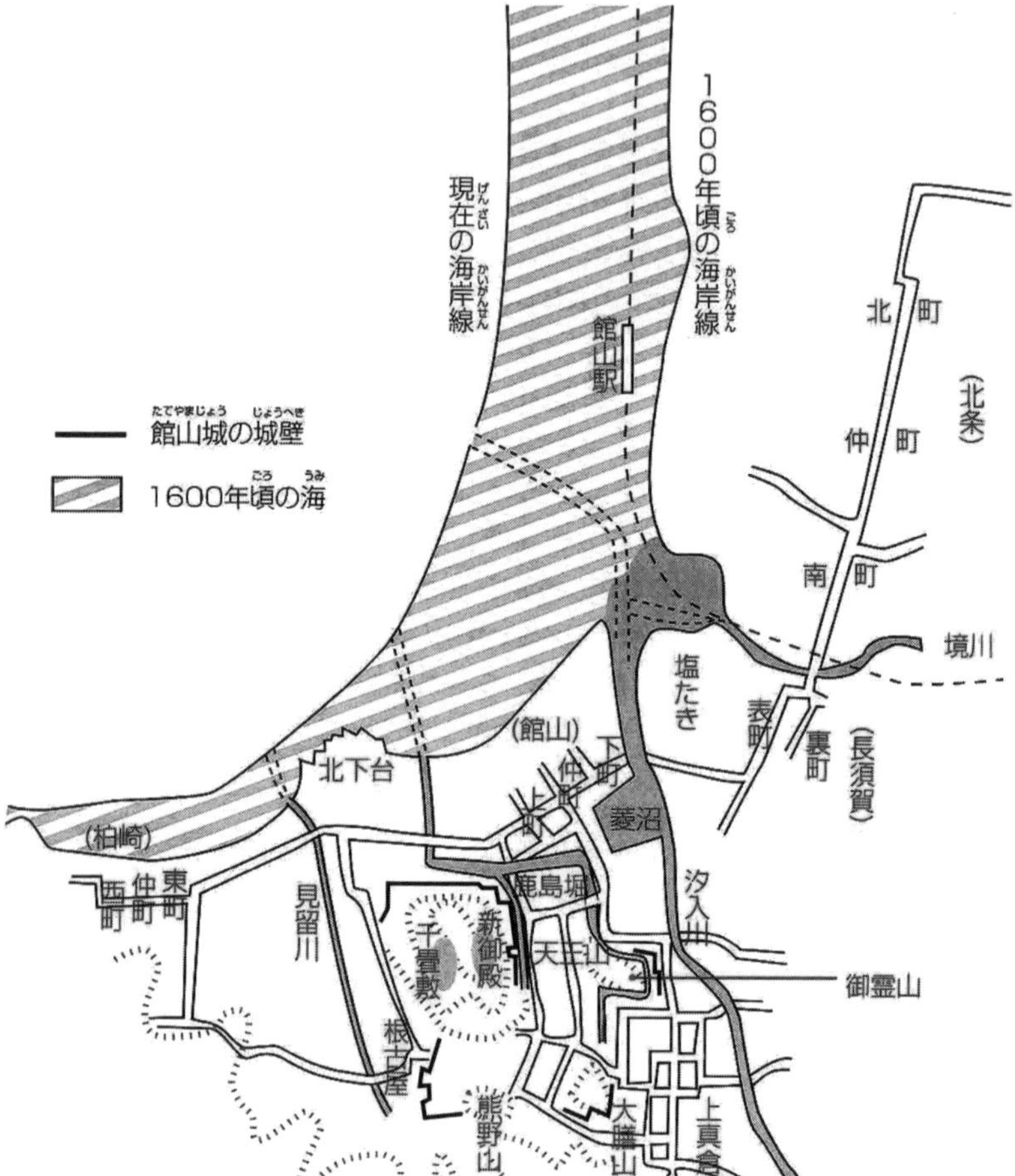

図１　館山城と城下町の図

掘調査によって水堀の遺構も確認されている。この城山が天正年間（一五七三〜九二）の古文書（館山市立博物館所蔵上野文書）で確認できる「館山」の城と考えられている。

しかし城跡遺構は、さらに東方に並ぶ天王山・御霊山・大膳山と呼ばれる小丘陵や、城山に南面する熊野山にまで広がり、各山の外側にも水堀跡や切岸《きりぎし》が確認されている。それらは天正十九年（一五九一）の本城化にともなう拡張と考えられており、里見氏が戦国期の山城から近世の平山城へと館山城を転換させた姿を見ることができる。

城山は里見氏移封後には民間の所有となり、ビワ山としても知られていたが、昭和の戦争中に海軍の高角砲陣地が築かれて山頂が七ｍほど削られたほか、軍用道路の開削や兵舎の建築、多数の砲座造成と地下壕の掘削によって失われた遺構も多いとみられている。現在確認できる城跡遺構は、切岸と水堀跡のほかには、千畳敷、新御殿跡、天王台と呼ばれる大規模曲輪や、中小の曲輪と、一か所ずつの堀切と土塁などであるが、戦時中の地形改変が見受けられるので見極めには注意が必要である。

戦後は国有地のまま公園整備が行われ、昭和三十三年（一九五八）に房総半島の海岸線が南房総国定公園の指定を受けると、同三十五年に城山は市の史跡「館山城跡」として指定を受け、観光事業の拠点「城山公園」として公園整備が進められていくことになった。そうした流れをうけて、昭和三十年代には戦国武将里見氏の象徴として城山に天守閣建設を望む声が高まる一方、館山城跡の現状と歴史をまとめた市民の著作『館山城趾』(1)が出版され、これらの動きは戦後の里見氏研究が本格化していく契機ともなった。そうした研究の成果によって、天守閣が存在したことを示す明確な記録がなかったため、天守閣建設の機運はいったん終息する。

ところが、昭和四十八年（一九七三）にＮＨＫ人形劇で「新八犬伝」が放映され人気を集めると、これに刺激されて観光客誘致に八犬伝が利用されるようになり、城山の南麓にあった古墳が「八剣士の墓」と称されるようになった。

これは里見氏への関心の高まりにもつながったが、史実の里見氏と物語の南総里見八犬伝を同一視するという弊害を生むと同時に、市民運動として天守閣建設の要望が復活する契機にもなった。

昭和五十七年（一九八二）に現在の模擬天守閣が建設されるにあたっては、事前に館山城跡の発掘調査や里見氏に関する古文書調査、城下町遺構の調査が行われた。本格的な学術調査と調査報告書[2]の刊行により、城山が歴史研究の対象として市民に認知されていくことになったが、ノンフィクションの里見氏とフィクションの八犬伝との混乱は続いた。

館山市のシンボルとなった模擬天守閣と同時に城山公園内に市立博物館が建設されると、模擬天守閣で八犬伝を展示紹介し、市立博物館では里見氏を展示紹介するというように、それぞれの役割を担って博物館活動が開始された。以降、さまざまな角度から里見氏の歴史や館山市の特徴を際立たせる展覧会が開催され、館山城跡は地域史の情報が市民へ発信される場として活用されるようになっている。

2　城下の町並を復元する

館山城の城下町形成は、里見義康が岡本城（南房総市富浦町）から館山城へと本城を移転したことが契機になったと考えられており、その本城移転は天正十九年（一五九一）に実行されている。城下町は中世実倉《さなぐら》郷のうち新井浦と楠見浦という浜方集落の街道沿いを割いてつくられた町場で、館山地区の下町《しもちょう》・仲《なか》町・上《かみ》町の三町が該当すると伝えられている。現在もこの三町の海岸寄りで新井と楠見の町内が境界を接しているのは、両浦から三町が分立した名残りと考えられ、両浦の生業が営まれる浜が残されたということであろう。

城下町の範囲については、慶長十一年（一六〇六）の里見忠義覚書（館山市立博物館寄託岩崎文書）が「楠見新井町・長須賀町・北条町」の商人中に宛てられていることから、下町・仲町・上町を含む「楠見新井町」と北条地区の「長須賀町・北条町」まで広がっていることがわかる。

その町場の通りがどこであったのか、具体的に館山の古い街並みがわかる資料が残されている。正徳元年（一七一一）に北条藩屋代家領の北条村と旗本石川氏領の真倉《さなぐら》村内岡上須賀村との間で行われた干潟争論の際に作成されたと思われる絵図（図2。館山市立博物館寄託真倉区有文書）である。元禄十六年（一七〇三）の地震隆起から八年後のもので、隆起した砂浜に描かれた建物は網納屋と思われ、浜や浜通りには住民の移転はまだみられない状況であることから、地震以前からの街並みが継続していると判断できる。ここには北条村・新宿《しんじゅく》町・長須賀村・真倉村内の館山三町四浦（岡上須賀村・浜上須賀村・楠見浦・館山上町・館山仲町・館山下町・新井浦）の屋敷が、一本の通りに沿った街並みで描かれているのである。

北条村で浜寄りに位置する家並みは浜方集落の六軒町であり、長く家並みが描かれた北条村の通りは館山市役所がある官庁通りである。北条村の北端で道が鍵の手状に曲がるところから南へ向かって北町・仲町・南町・新宿の町内が続き、境川を越えて長須賀村へ入ったところで道が刺又状になり、海側が表町、内陸側を裏町という。ここまでは同一の砂丘上で、道の形状からは中世成立の宿の可能性もある。

長須賀から館山へ向かう道には家が描かれていない。ここは地震前には境川と汐入川によって中洲状になっていたことから、塩場として使われていた一帯で、「塩焚」の小字や、北条村の飛地で塩の生産高を示す「八石三斗」の小字があることからも判断できる。

汐入川を越えて真倉村へ入ると、下町・仲町・上町・楠見・上須賀の町内があり、下町の海寄りに広がる家並みは新井浦の漁村にあたる。描かれてはいないが、楠見の内陸側に城山と呼ばれていた館山城跡が位置する。館山の通り

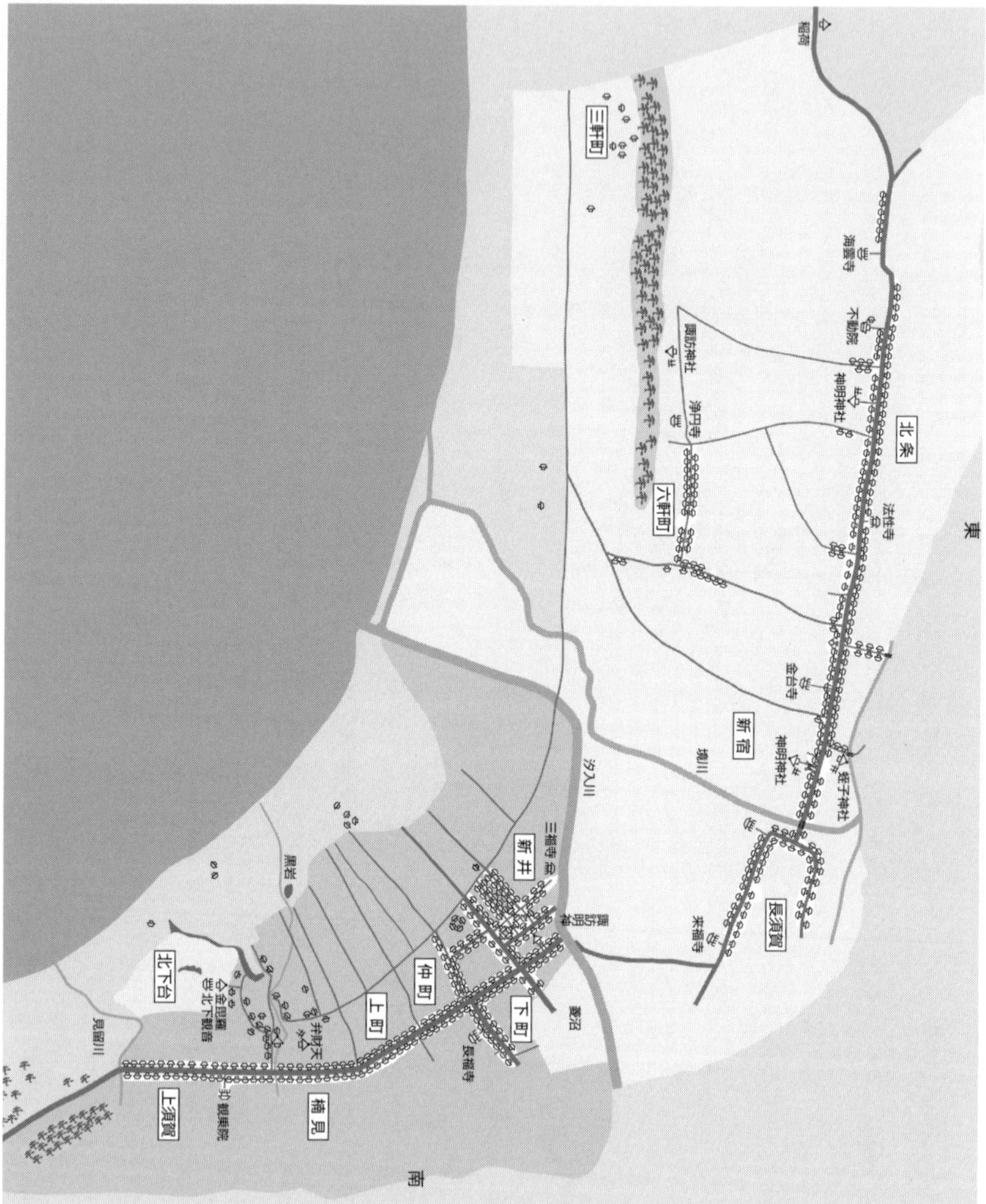

図2　館山町・長須賀村・北条村 正徳絵図トレース図（館山市立博物館『館山城下町資料調査報告書』より）

は鍵の手がない直線だが交差する道は食い違いになっている。見留《みとめ》川を越えると松原が続いて画面は終わるが、描かれていないその先には沼村の浜方集落である柏崎の街並みがあった。

沼村内の柏崎浦は城下町として認識されていないが、町場としての成立は館山よりも早いと思われる。館山城は天正期には軍事拠点のひとつとして存在していたことが確認されているが、湊をともなう城だったと評価されている。(3)館山城が本城化する前の天正十年（一五八二）代には、すでに城の西北に位置する沖ノ島・高ノ島の東海域を湊（近世には高ノ島湊と称した）とした海上交易拠点の開発が、高ノ島に最も近い柏崎浦において進められていたと考えられている。(4)その交易と町の開発を担ったのが岩崎与次右衛門という商人であった。柏崎の東西端はともに鍵の手状に道が曲がっているが、その中は東町・仲町・西町と呼ばれることから、与次右衛門が拠点とした町場だったのであろう。

城下町づくりは館山城への本城移転とともに始まったと考えるのが一般的であるが、館山から北条にかけての城下町形成は柏崎浦開発の延長上に本格化したものとするべきだろう。そして慶長年間（一五九六～一六一五）には城下町を管掌する町奉行が里見氏によって置かれ、肝煎を勤めた岩崎与次右衛門などの城下町住人による町の運営が行われていた（館山市立博物館寄託岩崎家文書）が、その町場は一本の道に沿って形成されていたものだったのである。

館山市の市街地は館山駅を中心に南北にのびる銀座通りと、それに並行する複数の通りがあり、現在はその間を住宅地が埋め尽くして面として広がる市街地になっている。しかしこれは近代以降の土地造成による開発の結果である。自然地形を活かした近世初頭の館山の城下町は、地形上の制約により、そもそも面で展開することができないという特徴を持っていたのである。

3　武家地と寺社地の伝承

町人地以外の武家地や寺社地については伝承をもとに推定されている。館山城跡の西南麓にある小字「根古屋」が天正期の番衆の居住区域とみられており、防御の機能を持った広大な沼地に面していたと伝えられている。城跡内の里見義康御殿跡とみられる柱穴が発掘された「オンマヤ」の東南麓に、重臣の屋敷伝承が複数あり、「清七屋敷」「大蔵屋敷」「采女の井戸」などの慶長期の重臣を思わせる呼称が伝えられている。また館山城の拡張域にあたる大膳《だいぜん》山の西麓には「大膳屋敷」の呼称があり、里見家一門の筆頭である正木大膳亮時茂の屋敷跡とされているが、この一帯は、天正期の根古屋とは別に近世前期に真倉村内の根小屋村が成立した地域で、館山城が本城になってからの家臣居住区域と考えられる。さらに大膳山の東側にある小字「宇和宿」には中下級家臣の居住地だったという伝承が残されており、町場から南方に離れて武家地が広がっていた様子が想定できる(図3)。

また町場に点在する寺社とは別に、里見氏との由緒をもち里見家から寺領を与えられていた寺院(慈恩院・妙音院・泉慶院など)が、館山城跡の東南にある大膳山付近に集中している。館山城跡の東南は江戸時代から大手口と伝えられており、寺院を集中させた防備体制をうかがうことができる。

4　江戸時代初期に城下機能を喪失

館山城は西が沼地に面し、南は広大な丘陵とのつながりを独立丘と切岸で遮断し、東は堀を備えた小丘陵とそれを取り巻く寺社地と武家地で防御態勢を取り、北は海に面するものの水堀との間に町場を形成するという縄張りをもつものだった。

しかし、慶長十九年(一六一四)九月に、江戸幕府によって里見家の領国安房国九万石が没収され、常陸国鹿島領三

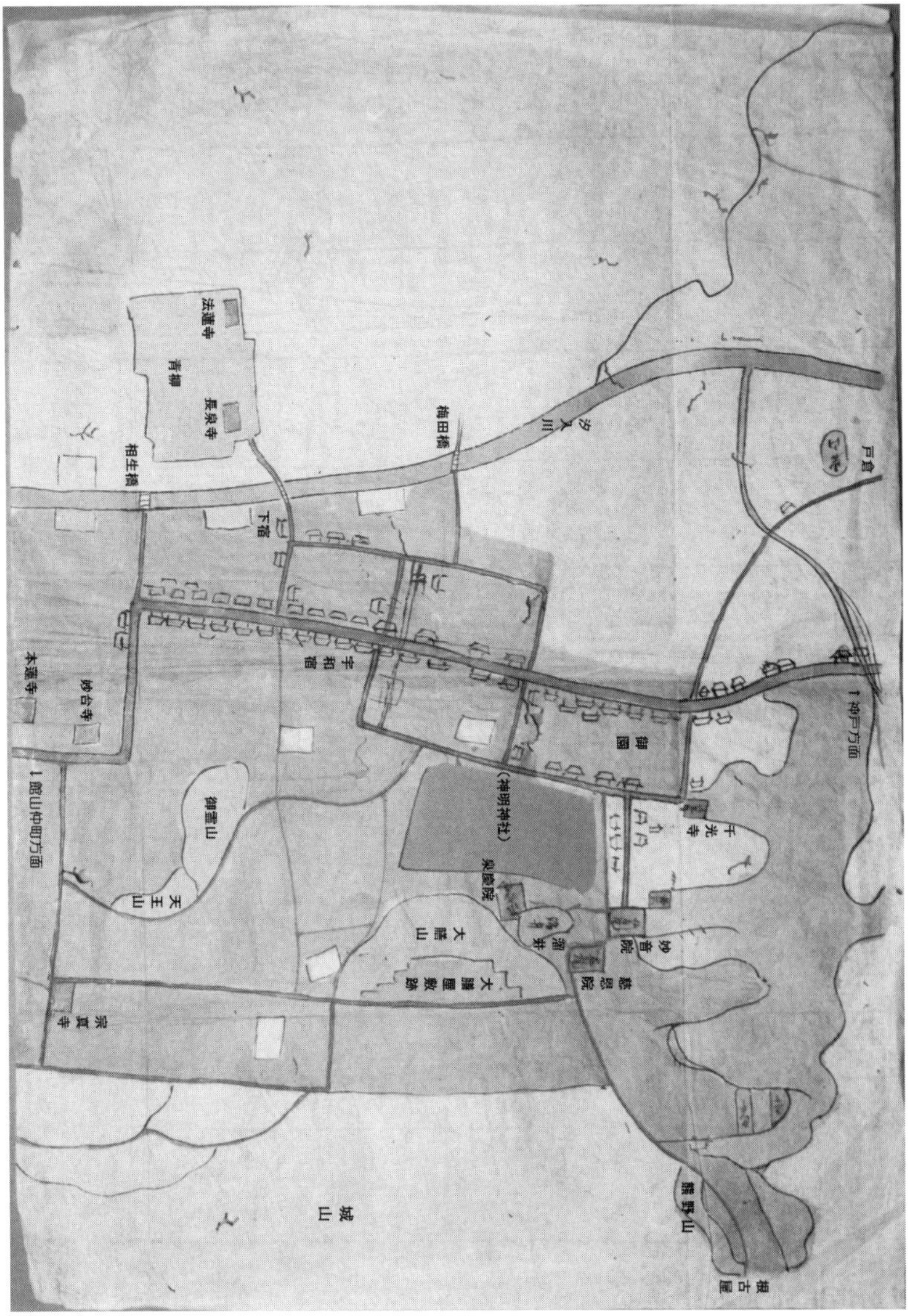

図3　上真倉村絵図（真倉区有文書）（館山市立博物館『館山城下町資料調査報告書』より）

万石の替地として伯耆国倉吉への移封が命じられると、城の主を失った館山城は破却され、近世を通じて復興することはなかった。里見氏の移封に多くの家臣は随伴することなく、離散して仕官の口を探すか、有力者として村方へ帰農していった。城下町を管轄する奉行も存在しなくなり、やがて館山城跡の一画に置かれた新領主石川氏の旗本陣屋が真倉村内の館山町と沼村内の柏崎浦の町場を、一万石の新大名北条藩屋代氏の大名陣屋が北条村と長須賀村の町場を、それぞれ支配することになった。これによって城下町としての一体性はなくなり、以降は個別の村として町場の機能を維持しながら明治という時代を迎えることになる。

三　現在の館山市街地への移り変わり

里見氏がつくった城下町の規模は近世を通じて大きな変化はなかったと考えられる。町の構造が変化を始めるのは明治になってからで、特に交通手段の変化は町の規模を大きく変えていくことになった。その最初のきっかけは、明治十一年（一八七八）に東京霊巌島と館山湾岸を結ぶ汽船航路が開設されたことである。旅客も物資も汽船場《ば》が発着場となったため、旧城下町から汽船場へ至る道に商店や事務所が立ち並び、新しい町場ができることになった。

館山湾内の汽船場は船形・那古・北条・館山に設けられた。那古の汽船場には三芳《みよし》や丸山からの荷物が集まることで町場が東西に延び広がることになったが、北条の汽船場でも多くの旅客の発着に加えて九重《ここのえ》・館野の荷物が集まった。北条地区の六軒町本通りはこれによって拡大した町場である。館山の汽船場でも富崎や白浜・豊房などからの多くの荷物が集まることで、館山地区の下町と桟橋を結ぶ新井の大通りが漁村から町場へと変化する契機になっている。

さらに大正八年（一九一九）に東京からの鉄道が延伸して安房北条駅（館山駅）が開業すると、輸送は海運から鉄道へと移り変わり、北条の旧城下町から駅周辺へと店舗の移転をともなう町場の拡大が生じ、駅を中心とした新しい商店街が形成されて銀座通りと呼ばれることになった。

しかし、終戦後の高度経済成長期に一家に一台から始まったモータリゼーションは、昭和六十年（一九八五）代には館山市やその周辺でも個人で一台という車の個人所有を拡大させた。そのため平成（一九八九〜）にはいって国道バイパスが開通すると大型商業施設が郊外へ出店し、住宅も低湿地を開発して郊外へと広がったため、市街地の空洞化が急速に進展することになった。

四　館山市民にとっての城下町

1　城下町意識

館山城に対してアイデンティティを持つ館山市民はいても、城下町に対してアイデンティティを持つ市民は多くはないだろう。それは城と町とが一体となって認識されていないという現実があるからである。慶長十九年（一六一四）に城を失っている館山市民にとって、館山が城下町であるという意識は基本的にはなく、城跡と町を結び付けて考えるのはわずかな地区のごく一部の人々であるといってよい。

館山市には模擬天守閣のオープン時に始まり、毎年欠かさず行われている武者行列のイベントがある。当初は「城まつり」と名付けられ、模擬天守閣を館山市のシンボルと認識して始まったものだが、現在は「南総里見まつり」と改称され、模擬天守閣とは切り離したイベントとして定着している。里見氏の城ゆかりのイベントで武者行列を行っているというイメージからのネーミングの変更と思われるが、町と館山城とが一体のものであったという認識が根底にはないことがわかる。町の起源の問題はあまりにも遠い昔話なのである。

館山市の市街地は関東大震災によって九八％が倒壊しており、江戸時代以来の建築物はほぼ存在しない町並みである。武家地を含めて城下町を連想させる近世以来の風情は当然のことながら残されてはいない。加えて、館山の住民は昔から「新《に》いもん好き」といわれる。古い町並みへのこだわりはなく時代の流行に合わせた建築が繰り返され、高度経済成長期だった昭和四十年（一九六五）代から住宅の建て替えが盛んに行われてきた。そのため、関東大震災後に復興した建物すらわずかに点在するのみとなっている。現在では、小規模商店の閉店や住民の転出による空家化と空地化が進み、町並みの景観は大きく変わりつつある。それに合わせて資料の喪失にも直面している現状がある。

2　町を歴史資源として記録すること

町並みと記録の喪失は、安房の中心地であるという近代以降の館山市へのアイデンティティの基盤の喪失にもつながる事態といえるだろう。館山市の市街地が館山城の城下町を起源とし、近代以降には安房の中心地としての役割を果たしてきたことが現況から理解できるうちに、その歴史と記録を残す役割を博物館が果たす必要がある。その歴史の中に館山という地域の特性を知る手掛かりがあり、それが現状の正確な理解に役立つことを期待するからこそ、館山市立博物館では地域の特性を知り、地元を見直すための情報を提供する活動を続けてきた。

平成十二年（二〇〇〇）に開催した企画展「さとみ物語」では、戦国時代に水軍を掌握して海上活動を盛んに行う里見氏の姿を紹介し、館山と海の関係について注目した。あわせて里見氏に関する市民読本『さとみ物語』を刊行したが、これはのちに市内小中学校で使用する副読本に形を変えて授業の中にも組み込まれ、里見氏がつくった館山市という姿を児童生徒が学んでいる。

また、里見氏国替四百年にあたる平成二十六年（二〇一四）には、安房地方の中核都市館山の起源が里見氏の城下町にあり、館山の町が里見氏の遺産であることを紹介する特別展を開催した。町の成立とその変遷を紹介することで、海とともに成立し交通手段の変化によって町場が拡大してきた館山市という町の特性について、歴史と地形的な特徴から理解を深める契機としたものである。あわせて展示図録『里見氏の遺産　城下町館山～東京湾の湊町～』と『館山城下町資料調査報告書』(5)を刊行し、海と結び付いた町の性格について理解できるよう、歴史資源としての館山の城下町の記憶を記録として残している。

註

（1）千葉輝胤『館山城趾』（一九六三年）、『館山城址後記』（一九六四年）。
（2）館山城跡調査会『館山城跡調査報告概報　第一次～第三次』（一九七八～八〇年）。
（3）滝川恒昭「戦国期江戸湾における「海城」の存在形態」（『千葉城郭研究』三、一九九四年）。
（4）岡田晃司「館山町成立の契機について」（滝川恒昭編『房総里見氏』戎光祥出版、二〇一四年）。
（5）本文で紹介した古文書や図版は、館山市立博物館が二〇一四、五年に刊行したこの二書に収録されている。

「城跡」への視線
―館山城跡の受容と活用―

宮坂　新

はじめに

館山市のほぼ中央に位置する城山公園は、戦国時代に安房国（千葉県南部）を支配した里見氏が最後に本拠地とした館山城跡を整備した公園である。館山城は、房総里見氏の九代当主義康が天正十八年（一五九〇）に居城とし、その子一〇代忠義が慶長十九年（一六一四）に伯耆国（鳥取県）へ転封となったのに伴い破却されている[1]。その後、安房国は幕府直轄領や旗本・寺社、小規模な大名の分割支配となり、江戸時代を通じて城が再建されることはなかった。つまり、館山城は江戸時代の時点ですでに「城跡」となっていたのであり、本書に収められた他の城との大きな違いはここにあろう。

なお現在、城山公園内に建つ天守閣様式の建物は、昭和五十七年（一九八二）に館山市が博物館として建設したもので、現在も里見氏をモデルとした江戸時代の歴史小説『南総里見八犬伝』のテーマ館として利用されている。

本稿では、里見氏の転封後、城持大名が現れなかった館山において、「城跡」がどのように受容され、活用されてきたのかを確認することで、歴史資源としての位置づけを考えてみたい。

一　江戸時代の館山城跡

江戸時代、館山城跡は安房郡真倉村に属していた。真倉村は郷帳類では一村として登場することが多いが、実質的には館山上町・同中町・同下町・新井浦・楠見浦・浜上須賀村・岡上須賀村・上真倉村・下真倉村・北下台村の一〇町村に分かれており、このうち館山城跡は岡上須賀村に位置している。安政二年（一八五五）に関東取締出役によって行われた寄場組合調査の書上帳には、岡上須賀の項に「古城跡壱ヶ所、字城山与唱候」との記載があり、(2)当時「城山」と呼ばれていたことがわかる。

館山中町の名主を務めた岩崎家に伝わる文書によれば、享保十八年（一七三三）に当時の領主である旗本川口氏から、館山中町の益屋宇兵衛に対して「館山林跡」を開発して年貢山にすることが認められている。(3)これが館山城跡（城山）であり、開発の結果、天明元年（一七八一）には城山の畑三反一八歩と林一反五畝歩が年貢地となっていた。(4)天明元年より真倉村は館山藩稲葉家の領地となり、これに伴い、これまで開発者から旗本川口氏に直接納められていた城山の年貢は、今後は(岡)上須賀の名主に納めることが申し渡されている。なお、城山を開発した益屋宇兵衛は、翌天明二年に城山の所持地を館山中町名主岩崎与次右衛門に譲り渡しており、(5)岡上須賀村内ではあるが、中町名主の所持地であったようである。

さて、宝暦十一年（一七六一）に成立した地誌『房総志料』は、長者町（現いすみ市）の中村国香が実際に巡歴して記したものであるが、そこには次のように記されている。(6)

館山より東南に館山城の故墟あり。山上に浅間の神社あり。又、千畳敷などいふ処存せり。今は尽く耕地となりぬ。見ル者麦秀の感を発す。又、大手の門柱、近比まで残りしが、今はさなくらといふ処の道の側に倒ると。

当時の城山が耕地となっていると記されており、先の開発・年貢地化を裏付ける。また、山頂の浅間宮は、近代に入り戦時中に一時移転したものの現在も祀られている。天明二年（一七八二）の真倉村明細帳によれば、「古城跡内」には稲荷宮・牛頭天王宮・姥神《うばがみ》・富士浅間宮の四社が祀られていた(7)。「千畳敷」は山頂下の広場のことで、この呼び名も現在まで伝わる。注目すべきは、この直前までは建っていた大手の門柱が、本書が書かれた時期には倒れてしまっているとの記述である。廃城から一四〇年ほどが経ち、城としての姿が徐々に失われつつあったことがうかがえる。

その後、天明元年（一七八一）には稲葉正明が一万石の大名となって館山藩を立藩し、館山城跡のある真倉村は久々に大名領となった。ただし城は持たず、寛政三年（一七九一）にその子正武が城山の南麓に陣屋を設置している(8)。この場所は里見氏時代に重臣が居住していた区域とされており、館山藩稲葉家の入封後は稲葉家家臣も陣屋周辺に屋敷を構えた。

時代はさらに下り、文政十二年（一八二九）に十方庵敬順が記した随筆『遊歴雑記』五編下には、次のように記されている(9)。

此処こそむかし里見安房守が居城の地也、則ち城廓の跡は左の方山の上に二の丸、三の丸の模形残りて往来より見ゆ、北條が智計によつて傾く運とはいひながら、懐旧の感慨少なからず、此処は村とはいへど町家凡十八、九軒建つづき上方の出店ありて、呉服屋をはじめ万ひさぐ店ありて用弁し最賑やか也、城将滅亡せし今とても斯く町々繁昌す、況や昔里見家の栄えし時をや、

江戸の僧侶である敬順が、館山を訪れて記したものである。これによれば、旅人である敬順も城山を里見氏の居城

跡として認識しており、当時は往来から山を眺めると城跡の形状がうかがえたようである。また、町なかの賑やかな様子から、里見氏時代の城下町に思いをはせている。

以上のように、江戸時代の館山城跡（城山）は、一八世紀から畑や林として開発・年貢地化が進められるとともに、岡上須賀村の人々の信仰の場、あるいは旅人が里見氏の時代に思いをはせる史跡として存在していた。

二　枇杷山から砲台へ

一八世紀の開発により、畑と林になった城山は、特に枇杷の生産で知られていたようである。館山藩稲葉家の藩士の子孫である千葉燿胤氏は、安永年間（一七七二～八一）に植栽され、江戸時代から知られていた、との言い伝えを紹介している。[10] 城山の枇杷の出荷がいつから開始されたかは不明であるが、明治四十二年（一九〇九）に発行された観光案内『避暑避寒房州案内』[11]には、館山町の項に「町の後背、山あり、城山と云、里見氏の城址たり、今は枇杷の産地として其名高し」と書かれており、少なくとも明治後期には産地として広く知られていた。

その城山で、明治三十四年（一九〇一）に「古墓碑」一〇基と「瓶」七つが発掘された。[12] 場所は城山南麓の「姥神《うばがみ》」と呼ばれる場所で、天明二年（一七八二）の真倉村明細帳にも記載があり、江戸時代より信仰の対象であった。[13] この墓については九代里見義康とその家臣のものとの説も出されたが、[14] 発掘された壺や甕は一三～一四世紀のものであり、[15] 室町時代頃の武士階級の墓と考えられている。発掘された際には参詣する人も多かったとされるが、[16] 先の観光案内書に記載が無いことから、名所とまではならなかったようである。

その後の館山城跡について、観光案内書や地誌の記述を見ていこう。大正六年（一九一七）発行の磯谷武一郎『房州見物[17]』では、館山城址の項を設け、「山頂平坦なる処千畳敷もある、今や人跡稀れに唯松柏の颯々たるを聴くのみ」と記すのみであるが、大正十五年発行の『房州案内[18]』では、城山の項を設け、次のように記している。

館山の西南、里見氏の城跡である、天正六年、里見義頼家を嗣ぎ家臣安西角田に命じて本城を築いたのである、同九年北條氏、海陸より攻め来るも防戦之を却けたことがある、又馬琴の筆になる八犬伝の本場である、今枇杷多く俗に枇杷山と呼ぶ、北下公園に比し一段高きが故に眺望更に良し。

里見氏に関する記載の信憑性は措くとして、かなり詳細に記されており、八犬伝についての記述も見られる。また、眺望の良さが記されていることから、遠くから眺めるだけでなく、実際に登ることが想定されている。枇杷山という特徴は変わらないものの、歴史・文化資源や観光地としての役割を担うようになってきたと言えよう。

さらに、昭和四年（一九二九）発行の『俺が房総[19]』には、「【城山公園】は其の昔里見氏の居城の跡で鏡ヶ浦を眼下に見下し、眺望絶佳の地」とあり、「城山公園」という名称が見られる。また、昭和十二年発行の『房州めぐり[20]』では、城山公園の項を立て、次のように記す。

鏡ヶ浦を一眸に収める展望美を誇り、その昔里見氏の城塞を置かれた館山城趾で、そこに生ずる一木一草にも栄枯盛衰の夢は宿る、真に「夏草やつはもの共の夢の跡」の感深く、維新当時山麓に稲葉氏の陣屋を置く、附近に慈恩院里見義康の墓がある。

館山城跡に対して、「城山公園」という名称がいつ頃から使用され始めたのかは判然としないが、以上の記述をふまえると、昭和初期には「城山公園」と呼ばれており、里見氏の史跡であるとともに、鏡ヶ浦（館山湾）の眺望を楽しめる景勝地という評価がなされていたと言える。図1は昭和初期頃の写真と思われ[21]、林で覆われた館山城跡の姿を見ることができる。

右の位置づけを大きく変化させたのが、第二次世界大戦であった。図2は昭和九年(一九三四)、図3は昭和十四年に発行された『館山北条町町勢要覧』[22]の地図(部分)である。一目見てわかるように、図3では城山の部分の記載が消されている。これは、城山がこの間に軍事施設として使用され始めたことを示している。

千葉燿胤の調査によれば[23]、城山には昭和十年(一九三五)頃に砲台が設置され、横須賀海兵団の直轄下にあった。昭和十四年には横須賀鎮守府警備隊の指揮下となり、その後、館山海軍航空隊の直属となり終戦を迎えたという。戦時中には砲台の他にも兵舎や弾薬庫などの施設が作られ、新たな道路も設けられた。なお、砲台の建設にあたり、山頂が約七m削られており、かつての城山は現在よりも高かった。

図1　館山城跡(『房総史蹟写真帖』)

明治から昭和初期にかけて、里見氏の史跡や景勝地としての役割を担うようになった館山城跡は、ここでいったん振り出しに戻り、戦後を迎えることになった。

三　観光と歴史資源

終戦の後、昭和三十八年(一九六三)の時点で、軍事施設は撤去あるいは荒廃し、一時期、幼稚園として利用された兵舎建物も取り払われていた[24]。再び公園となった館山城跡は、市の方針によって観光資源としての道を歩み始める。

図２　『館山北条町町勢要覧』昭和９年（部分）

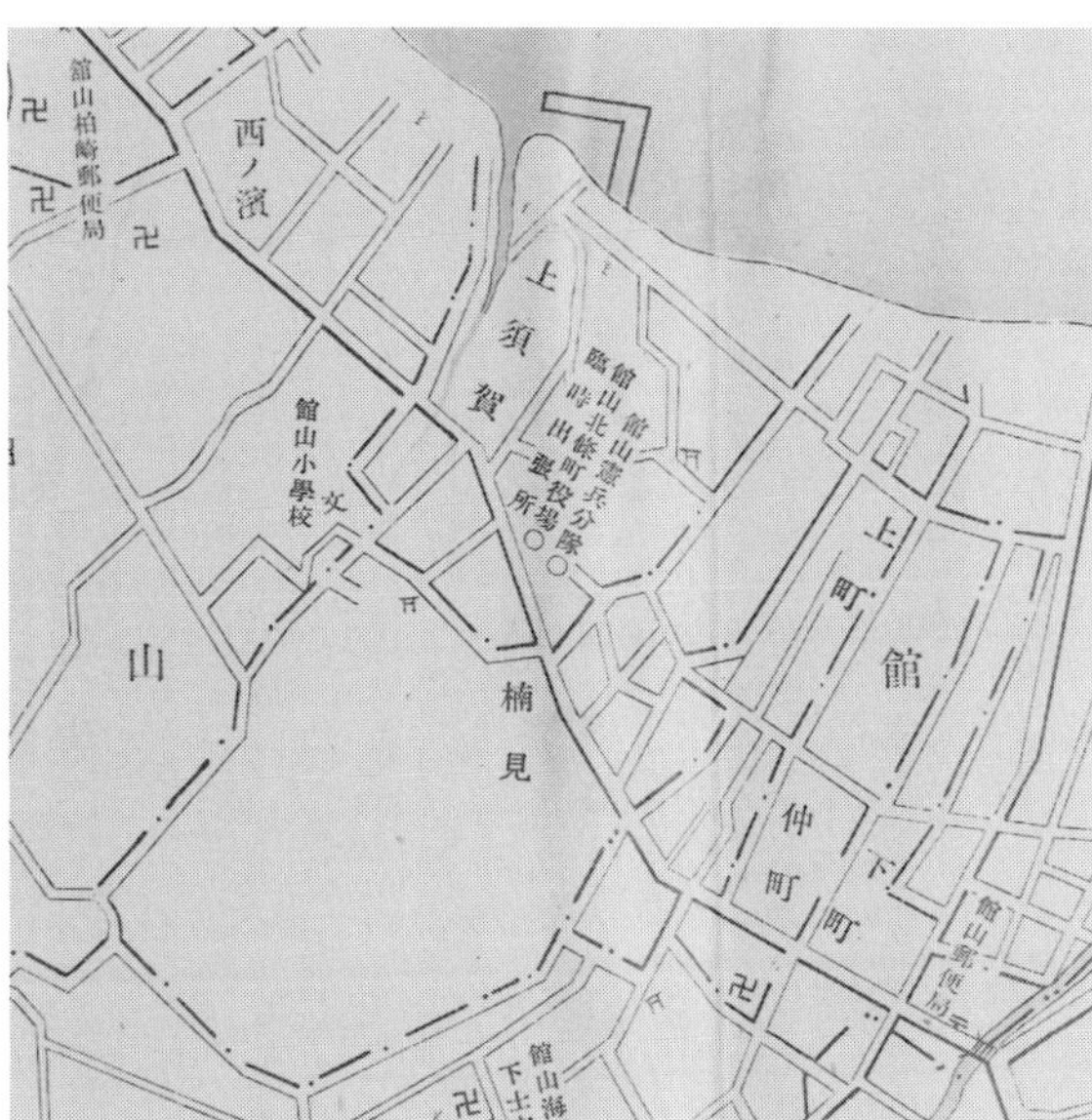

図３　『館山北条町町勢要覧』昭和14年（部分）

昭和三十一年四月十五日付の『館山市広報』第五〇号に紹介された同年度予算案編成と施政方針では、城山公園について次のように書かれている。

房総の地に「は」を唱えた里見氏の居城跡であり、里見八犬伝発端の地であるのでここに海上及び市内各所から望見し得る天守閣を史実に基いて復元し、これに附属する庭園・遊園地などを併置し、四季を通じて来遊する観光客並びに市民のオアシスとしたい夢をもっております。

当時の田村利男市長が、城山公園を観光資源として活用する手段として、史跡や景観の保存・保護ではなく、新たな建造物の設置を目指していたことがわかる。

その後、館山市では昭和三十二年(一九五七)に文化財保護条例を制定し、同三十五年には館山城跡が市の文化財(史跡)に指定された。また、昭和四十三年には都市公園条例を制定し、城山公園は都市公園となっている。史跡として認識され、保護の対象となりつつも、観光地や市民憩いの場所としての役割を期待されたことを示している。

保護と活用との間で落とし所をどこに定めるか、という問題は、ありとあらゆる文化財や観光資源に共通するものだが、館山城跡ではさらに、先の引用にもあった「天守閣を史実に基いて復元」という点も問題となった。結果的に、昭和五十七年(一九八二)に現在の天守閣様式の建物が建てられるのであるが、昭和三十年代から賛否両論が出されてきた。昭和三十八年刊行の千葉燿胤『館山城趾』には、巻末に城山公園における天守閣建設への意見が賛否ともに掲載されている。[25] 紹介された意見はさまざまであるが、大まかに分類すると次のようになる。

賛成の理由

①里見氏の顕彰となる。

②集客・増収につながり、経済効果がある。

③天守閣に歴史的裏付けがなくても館山城はあったのだから問題ない。
④完全な復元など無理であり意味がない。新感覚・新設計で作るべき。

反対の理由
①城山の自然環境を残してほしい。
②史実に基づかない建造は後世の人々に有害。
③館山の観光では「天然風光の美」に価値があり、観光施設は不要。
④新たな時代に天守閣など不要。

千葉氏によれば、賛成派が断然多く、「殊に地元の館山では理由抜きで賛成と云う人も見受けられる」という状況であった。また、紹介された意見を概観すると、賛成・反対派のどちらも、館山城における天守閣の存否、あるいは構造を示す資料がないことは理解している。賛成派は、里見氏時代に天守閣が存在していたことを主張するのではなく、「史実不明のものは其のままにして置き」、「史家の説に囚われない全くの新構想に依る」天守閣建設を望んでいたのである。これに対し、反対派の意見も②以外は史実の是非を論点とするものではなく、天守閣建設をめぐる議論は、歴史研究とは別の次元で展開されていったと言えよう。

その後、城山公園の整備が進むなか、昭和五十二年（一九七七）から三か年にわたり館山城跡の学術調査が実施された[26]。測量や発掘調査とともに、旧家や寺社を対象とした文献調査、城下町町割調査、城に関する地名調査が行われ、報告書が作成されている。館山城跡は、前述のように昭和三十五年に市の史跡に指定されていたものの、全容は明らかではなく、このとき初めて本格的な調査が行われた。発掘調査により、伝義康御殿跡から陶磁器類が出土し、鹿島堀の遺構が一部確認されるなどの成果が得られた。ただし、本丸跡とも伝えられる千畳敷と呼ばれる場所では、すでに整備された花壇や遊戯施設を避けて発掘が行われたこともあり、遺構や遺物は発見されなかった。

　右の調査結果をふまえ、館山城跡の保護に重点を置いた計画に切り替える道もあったはずであるが、結果として、その後も城山公園の開発は進められ、昭和五十五年（一九八〇）には、千葉工業大学名誉教授の藤岡通夫氏により、三層四階建ての天守閣の案が示された。同氏の設計によって、翌年より天守閣「館山城」の工事が始まり、完成後は『南総里見八犬伝』の博物館として利用されることになった。昭和五十七年三月末に竣工し、同年十月三十一日に市立博物館分館として開館している(27)（図4は現在の姿）。この日、記念行事として城まつりが催され、里見水軍の扮装をした行列がパレードを行った。城まつりはその後も続けられ、現在は「里見まつり」という名称で毎年行われている。

おわりに

　以上、江戸時代から現代までの館山城跡の受容と活用を見てきた。耕地としての開発に始まり、枇杷の栽培、砲台の設置と撤去、公園施設の整備、天守閣の建設など、この間、館山城跡が純然たる史跡として保護されたことは一度もなく、常に開発と活用が繰り返されてきたと言えよう。一方、「城山」と呼ばれ続けているように、里見氏の城跡であるということも記憶され、観光資源として活用されてきた。

　館山城跡に限らず、里見氏に関する史跡や寺社は市内に数多くあり、市民や観光客によく知られた場所もある。また、先に挙げた「里見まつり」のように、「里見」の名を冠したイベントや店舗・商品も多く、一見すると市民の間で「里見氏」はよく知られた存在になっている。ただし、城山公園を里見氏の史跡として「実感」している市民はどれだけいるだろうか。

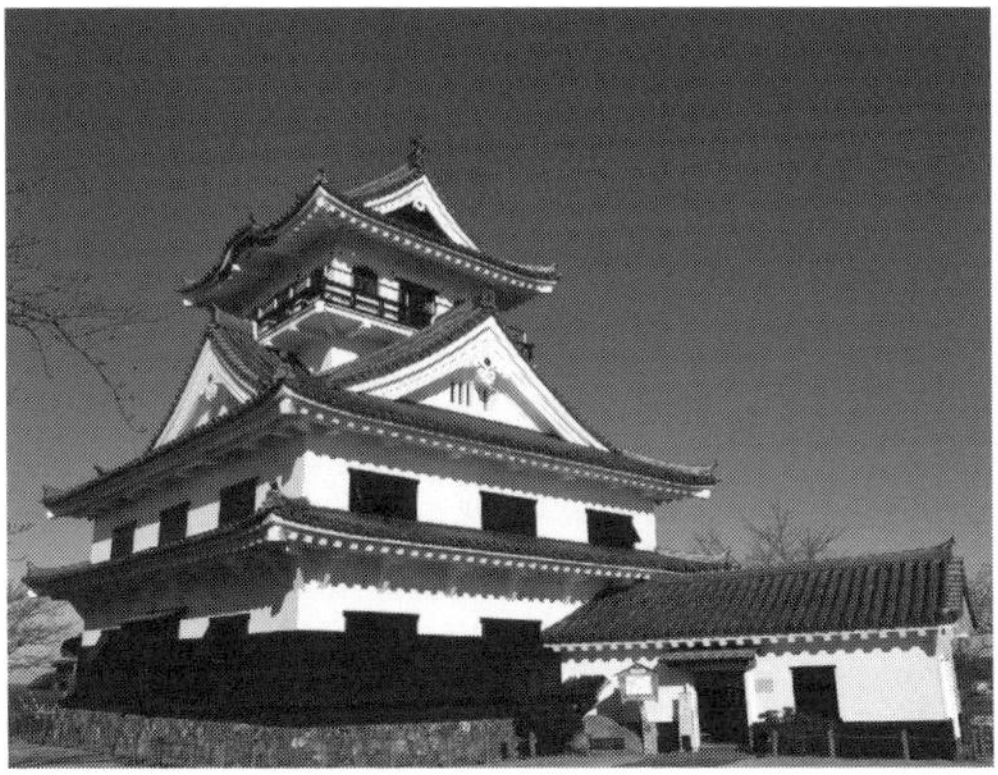

図４　現在の「館山城」

現在暮らす市民にとっての城山公園は、散歩や花見で訪れる憩いの場であり、そのシンボルとして天守閣様式の「館山城」がある。もちろん、城山公園が里見氏の居城跡であることを頭では理解しているが、多くの市民にとっての「お城」は館山城跡ではなく、現在山頂に建つ「館山城」であろう。この状況は、昭和三十年（一九五五）代に「史家の説に囚われない全くの新構想に依る」新たな城の建設を期待した市民の感覚と共通している。もちろん、里見氏の顕彰のために城の建設を望んだ市民もいたが、多くの市民が期待したのは、里見氏の城の「再建」ではなく、自分たちの町のシンボルとしての城だったのではないか。この期待は実現し、現在のような状況が生まれたのである。

では、これからの館山城跡としての役割は何があるのだろうか。天守閣様式の博物館分館が開館した翌年、同じく城山公園内に設置された市立博物館本館では、実在の里見氏を展示テーマの柱とし、館山城跡の出土遺物についても紹介している。また、現存する遺構を紹介するイラストマップも配布している。長い間、開発と活用にさらされ、破壊されてきた城跡ではあるが、まだ里見氏時代の若干の遺構を確認することはできる。こういった形で、館山城跡の見方や楽しみ方を提示していくことは、今後の保護のためにも地道ではあるが必要である。また、市内の小中学校では、平成二十五年（二〇一三）度より副読本を用いた里見氏の歴史学習がカリキュラムに加えられた。これにより、夏休みの調べ学習で館山城跡を取り上げる児童も増えてきている。

このような歴史学習の場としての役割だけでなく、観光分野においても館山城跡は可能性を秘めている。近年、観光の傾向は団体の物見遊山型から個人の参加体験型にシフトしていると言われ、歴史・文化・自然体験をテーマにしたツーリズムが増えている。こういった場で必要なのは、目新しい施設などではなく、現在の資源を把握し、その魅力をわかりやすく伝えるガイドである。館山城跡には、里見氏時代だけでなく、戦時下の利用を示す遺構も残されており、こういった歴史資源を活用できる可能性は大いにある。

最後に、市民にとっての城・城跡について自分なりの考えを記して結びとしたい。館山における天守閣建設問題に表れたように、現在、多くの市民にとっての城は、町のシンボルや観光資源であろう。その視線が実在した城に向けられる場合もあれば、館山のように新たな城の場合もある。このようにして考えた場合、果たして城や城跡は、信仰の場である寺社や、生活・生業の場である山野河海のように、地域の歴史を蓄積・共有する存在となりうるのであろうか。

城との関係性という視点で考えた場合、旧城主や旧家臣の子孫であれば、それも可能であろう。一般の領民の場合は、支配の変遷や周辺との関係性によっても違いがあるものと思われる。現代においても、旧藩領あるいは旧幕領であったことへの自負が残る地域はあり、そういった地域では帰属の象徴としての城(あるいは陣屋など)を重視しても不思議ではない。

館山城の場合、里見氏が居城としていた期間が短く、しかも江戸時代初期に廃城となっていたことが、その後の運命を決定づけたということになろうか。この点、本書に収められた他の事例と比較することで、より明確になるものと考える。

註

（1）『さとみ物語（第二版）』（館山市立博物館、二〇一〇年）。
（2）館山市立博物館保管「龍崎家文書」。
（3）館山市立博物館保管「岩崎家文書」近世Ａ３。
（4）館山市立博物館保管「岩崎家文書」近世Ｆ２。
（5）館山市立博物館保管「岩崎家文書」近世Ｅ４・同Ｅ５。なお、中町名主岩崎与次衛門の屋号も益屋であり、宇兵衛と与次右衛門は親族関係とも考えられる。
（6）『改訂房総叢書』第三輯（改訂房総叢書刊行会、一九五九年）、二一七頁。
（7）館山市立博物館保管「岩崎家文書」近世Ｃ２。
（8）館山藩稲葉家については、館山市立博物館展示図録『館山藩―稲葉家と藩士たち―』（二〇一六年）による。
（9）『遊歴雑記』五編巻の下「一二　里見家の城跡並鉈切の明神」（江戸叢書刊行会編纂『江戸叢書』巻の七所収、一九一六年）。
（10）千葉燿胤『館山城址後記』（日本城郭協会、一九六四年）、五三頁。
（11）『避暑避寒房州案内』（一九〇九年）　館山市立博物館所蔵。
（12）館山市立博物館保管「岩崎家文書」近代Ｙ１。
（13）註（7）に同じ。
（14）大野太平『房総里見氏の研究』（私家版、一九三三年）、附録八三頁。
（15）発掘された陶磁器五点は、現在、東京国立博物館の所蔵となっている。
（16）千葉燿胤『館山城趾』（日本城郭協会、一九六三年）、五〇頁。

(17) 磯谷武一郎『房州見物』(一九一七年) 館山市立博物館所蔵。
(18) 『房州案内』(楽土社、一九二六年) 館山市立博物館所蔵。
(19) 『俺が房総』(房総郷土研究会出版部、一九二九年) 館山市立博物館所蔵。
(20) 『房州めぐり』(房総観光連盟、一九三七年) 館山市立博物館所蔵。
(21) 千葉県中等教育研究会『房総史蹟写真帖』(館山市立博物館所蔵)所載。
(22) 『館山北条町町勢要覧』(一九三四・一九三九年) ともに館山市立博物館所蔵。
(23) 千葉燿胤『館山城址後記』(註10)、四三頁。
(24) 同右。
(25) 千葉燿胤『館山城趾』(註16)、附録。
(26) 館山城跡調査会『館山城跡調査概報《第一次》』(一九七八年)・『同《第二次》』(一九七九年)・『同《第三次》』(一九八〇年)。その後、第四次調査が行われ、『館山城跡第四次調査報告書』(一九八七年)が発行された。
(27) 以上、『館山市立博物館概要』(一九九八年改訂)等による。

付記　本稿の脱稿後、令和元年(二〇一九)九月の台風被災、同年十二月からの指定管理導入、そして現在も続くコロナ禍と、館山城跡をめぐる状況は大きく変化した。台風被災やコロナ禍により、市立博物館(館山城を含む)は長期休館を余儀なくされたが、同時に、地域の歴史を後世に伝える役割や、学びの場としての機能が再認識される機会にもなった。また、市の担当課が分かれる城山公園と館山城を指定管理者が一体的に管理することにより、公園内の史跡と館山城をめぐる謎解きクイズが開始されたことは、指定管理導入の成果と言って良いだろう。

Ⅲ　城・城下町を歴史資源として活用する

関宿城下の記録と伝承
―天守閣という装置―

尾﨑　晃

はじめに

千葉県の最北西部、利根川と江戸川が分流する辺りに関宿城下町《せきやど》（千葉県野田市）がある。現在、江戸川のスーパー堤防上にかつての関宿城天守閣を模して造られた千葉県立関宿城博物館（写真1。以後「当館」と略す）が建ち、その姿は千葉・茨城・埼玉と三県からも見ることが出来る。関宿城本丸跡は当館から五〇〇ｍほど南にあり、城地は本丸から東南に向かって二の丸・三の丸等の郭が展開し、その周囲に城下町が作られた。この城は今から五五〇年ほど前に簗田氏《やなだ》によって築かれ、北条氏と激しい戦さが繰り広げられた。また江戸時代には関宿藩が置かれ城下町には河岸と関所が設置され、利根川・江戸川水運の要衝として繁栄した。明治維新以後、城下町は蒸気船の寄航地として賑わいを保ったが、城の遺構と町の一部は、廃城令と江戸川の改修により破却や移転を余儀なくされ、城下町の記録の多くが失われ、現在では城下町の記憶を呼び起こすことが困難になってきている。

関宿の町に住む人達の多くは、この町がかつて城下町であったことは知っている。そのことを多少なりとも誇りに思っている人達も少なくない。しかし関宿城がどのような城であり、城下町がいかなる歴史を辿ってきたのか詳しく知る人は少ない。

　本稿ではまず、城と共に城下町が辿ってきた歴史を振り返ってみることにする。次にその歴史の記録（史料）の所在を再確認してみたい。さらにそうした城下町の記録を活用し、その歴史の伝承に努めている活動を論じたい。歴史の伝承活動には博物館等の施設で展示・紹介の他、現地の案内や広報誌・研究論文の出版等さまざまな方法が考えられる。筆者の力量不足で、これらの活動の全てを網羅し紹介することは出来ないことを予めお断りしておく[1]。

写真１　関宿城博物館外観

一　関宿城の概要

　関宿城は長禄元年（一四五七）頃、現在から約五五〇年前に簗田成助《しげすけ》が築城した。簗田氏は下野国梁田郡（現栃木県足利市）の在地の土豪である。簗田成助の祖父満助が鎌倉公方足利満兼に仕えたことから次第に足利氏に重く用いられるようになった。鎌倉公方の足利氏が鎌倉府内で関東管領の上杉氏との対立により、鎌倉を去り下総国古河に本拠を構え「古河公方」と呼ばれるようになると、簗田氏はこれに従った。古河に近く軍事および交通上重要な拠点の下総国関宿に簗田成助が城を築き、北関東の富裕な商人を支配下に置いた。簗田氏は娘を足利氏に嫁がせその外戚となり、その重臣としての地位を保った。

　これに対抗した勢力が北条氏である。伊豆の堀越公方を攻め追放した伊勢宗瑞（後の北条早雲）が関東に進出し、上杉氏と対立し、古河公方足利氏に接近した。その妨げとなるのが古河公方の外戚である簗田氏の存在である。北条氏は早雲の子北条氏綱の娘（芳春院殿）と古河公方足利晴氏との婚姻を画策するなどして、簗田氏の追い落としを図った。房総や北関東への進出を目論む北条氏は、政略をもって簗田氏を関宿城から一旦退去させたが、その後も都合三回にわたって簗田氏と関宿城を攻めた。その間、簗田氏はかつての主君である足利氏とも争うことになるが、関東の覇者である北条氏相手に、上杉謙信や武田信玄らと連携し善戦したことは特筆に値する。天正二年（一五七四）に関宿城落城後、北条氏照が城下町を整備した。これが現在の関宿城下町発展の基礎となった。

天正十八年（一五九〇）豊臣秀吉によって北条氏が滅亡すると、関東は徳川家康に与えられ、家康は関宿城に異父弟の松平康元を二万石で配置し、関宿藩を立てた。松平氏以後、小笠原氏・北条氏・牧野氏・板倉氏ら譜代大名が配置された。寛文九年（一六六九）から天和三年（一六八三）と宝永二年（一七〇五）以降は、久世氏が明治維新まで続いた。石高は牧野氏の七万三〇〇〇石が最高で、久世氏時代はほぼ五万八〇〇〇石であった。

有名な藩主としては五代将軍徳川綱吉の側用人であった牧野成貞や、幕末に老中で和宮降嫁を実現させ公武合体に努めた久世広周《ひろちか》、藩士では幕末期の農政家として知られる船橋隋庵等がいる。幕府領や旗本領が多い南関東にあって、川越藩や佐倉藩・小田原藩・古河藩に次ぐ石高を持ち、江戸に近く利根川・江戸川水運の要衝である関宿藩には重要な譜代大名が配置された。歴代の藩主は老中をはじめとして、京都所司代や大坂城代・若年寄や寺社奉行など幕府の要職を歴任した。

関宿は簗田氏の築城当時から水運の要衝であったが、江戸初期の利根川東遷によって利根川と江戸川の分岐する所となり、利根川対岸に境河岸、江戸川左岸に内河岸と右岸に向河岸・向下河岸の、四つの河岸が作られ、さらに寛永八年（一六三一）に江戸川流頭部に関所が置かれ、関宿藩の管理する所となった。これにより関宿は城下町・河岸・関所の三つの要因で繁栄した。

幕末動乱期の元治元年(一八六四)久世広周が没し、跡を継いだのはまだ幼い広文であった。藩内は佐幕と勤王に藩論が二分し両派の対立は激化した。「関宿崩れ」と呼ばれるこの騒動は、勤王派が上野寛永寺に立て籠もる佐幕派から幼い藩主を奪還し、朝廷と交渉し藩内を取り鎮めることで終息したが、この騒動を契機に、脱藩する者や関宿を離れ江戸などへ行く者は少なくなかった。廃藩の後、廃城令と政府による江戸川改修工事により、かつての関宿城の建物と城下町の一部は破却や移転を余儀なくされた。

しかし明治から大正期の関宿は直ぐに衰退したわけではなかった。この時期、利根川・江戸川水系には蒸気船が通航し、関宿と境河岸は蒸気船の寄航地として賑わいを見せた。しかしたびたびの自然災害と鉄道や自動車の普及によって、水運に依拠した関宿の繁栄は次第に翳りを見せるようになった。また町村合併により町の中心部は他の地域に移り、平成十五年(二〇〇三)の大合併により野田市の一部となった。なお、関宿藩士の子として生まれ終戦時の内閣総理大臣を務めた鈴木貫太郎は、首相退陣後郷里の関宿に移り住んだ。この他、旧関宿町出身の有名人として「近代将棋の父」と呼ばれた第一三世名人関根金次郎がいる。

二　関宿城の史料

こうした歴史を持つ関宿城について、その記録、つまり史跡や史料の存在について述べる。

関宿城の遺構については昭和六十一年(一九八六)十一月から同六十三年十月まで、千葉県教育委員会が主体となって発掘調査を行った。調査地点は本丸跡から外堀周辺まで城地のほぼ全域に及んだ(2)。またこれに先んじて昭和六十年七月から同六十一年三月まで、千葉県教育委員会が関宿城歴史資料調査団に委託して関宿城に係る歴史資料調査を行った。これは関宿城関連の絵図・建築物・刊行本や古文書の所在調査である。(3) これらの調査成果によると、関宿城は本丸・二の丸・三の丸・発端曲輪の外に、武家屋敷があり、その周囲を土塁が囲んでいた。城下町は城の南に江戸町、南東に元町、西から東にかけて台町が続き、利根川対岸に境町があった。(4) しかし明治期以降の江戸川改修工事によりその大半が堤防下および河川敷になってしまった。現在本丸と三の丸の一部が残っている。

(1)　史跡

①本丸跡（写真２）。江戸川改修工事により全体の約五分一のみが残されているだけである。本丸の周囲は水田であり、五ｍほどの高さの土塁が唯一城を連想させる遺構である。

写真２　関宿城本丸跡

②筋違いの十字路。城内の道筋として搦手門から武家屋敷を東西に延びる小姓町通りと、南側の大手門から三の丸に通じる桜町通りの交差点では、互いに直進できないように筋違いにしてある。

③外堀跡。大手門跡付近に外堀跡が残る。昭和六十年（一九八五）から六十一年までの発掘調査で、城の外堀を巡る土塁の幅が八ｍほどあったことが確認されている。城絵図では、城下の江戸町から納屋町に至る城の南から東と城を囲むように延びている。

④関宿関所跡。関所については、元和二年（一六一六）に常陸川（現在の利根川）対岸に定船場が設けられ関所の機能を持たされていたが、寛永八年（一六三一）に関所の管理が関宿藩に移され、江戸川流頭部の江戸川右岸（現埼玉県幸手市）に設置された。現在、関所跡は江戸川河川敷に埋没しているが、

写真３　実相寺客殿

右岸から渡船場を渡った関宿江戸町側の内番所跡が石碑として残されている。

(2) 建築物

関宿城は廃藩後多くの建築物が破却され、一部は民間に払い下げられた。天守閣は寛文十一年（一六七一）落雷により破損し、江戸城富士見櫓を模して御三階櫓を再建したが、現在残っていない。

①関宿城本丸御殿

関宿城下台町にある実相《じっそう》寺（写真３）は、寺伝によると簗田氏の本拠であった水海から関宿城築城に伴い城内に移転したが、明暦三年（一六五七）に現在の地に移転したとされる。廃藩時に関宿城本丸御殿の一部が実相寺に移築された。大入母屋の屋根の鬼瓦には久世家の家紋「並び鷹の羽」が刻まれている。

②埋門

城内の三の丸にあり、通行門の一つと思われる四つ足門が、城下から離れた市内の小林家に移築されている。籠城の際、門の一部を埋めて敵の侵攻を防ぐ役割があったことから「埋門」と呼ばれたという。棟瓦の両端に久世家の家紋「並び鷹の羽」が刻まれている。

③薬医門。

市外の坂東市に関宿城の薬医門がある。これは廃藩後に民間に払い下げられた城門の一つで、現在、茨城県坂東市内の逆井《さかさい》城に移築されている。

④鬼門除け稲荷。関宿城の鬼門（北東）にあって建立され、明治の廃城の頃に関宿城天守閣脇にあった稲荷を移築したものと言われている。

なお城下にはいくつか藩主ゆかりの寺社が残っている。初代松平康元の墓がある宗英《そうえい》寺（台町）や康元が徳川家康の母の於大の方のために創建した光岳寺（台町）がある。久世家の菩提寺は同じく台町の実相寺である。

(3)　文献資料

関宿城および城下町と関宿藩に関する文献資料は、いくつかの機関および個人が所有・保管している。当館では館蔵・受託等含めて二万八〇〇〇点余の資料を収蔵・保管しているが、その大半は古文書・古典籍類である。その中には藩政史料や城下町や領内統治に関する、地方《じかた》史料も少なくない。当館の他にも野田市史編纂室でも資料の調査を行っている。

三　史料の活用と伝承

関宿に関する史料を収集・研究の上、その活用と伝承を主な業務としている施設は博物館・資料館や記念館である。関宿には三つの博物館・記念館がある。当館の他に、鈴木貫太郎記念館・関根金次郎記念館である。当館以外の二館は鈴木貫太郎（海軍軍人で終戦時の内閣総理大臣）および関根金次郎（戦前に活躍した将棋棋士）という関宿に縁のある個人を対象にした展示施設である。その中で関宿藩および関宿城と城下町に関して積極的に史料の活用と伝承を行っている館は当館なので以下、当館の活動を中心に述べる。

(1) 当館の活動

当館は平成七年(一九九五)十一月に、関宿城本丸跡の北、利根川と江戸川の分流点近くの江戸川スーパー堤防上に建てられた。天守閣は寛文十一年(一六七一)落雷により焼失し、江戸城富士見櫓を模して御三階櫓を再建した記録がある。当館天守閣はこの事例に基づき、かつての天守閣を推定復元した。現在関宿城跡に目立った建築物がないため、当館天守閣部分をして多くの人から「関宿城」と呼ばれることが多い。平地という地形から、天守閣は利根川および江戸川対岸からも見ることができ、かなりの遠距離からも当館を目視できる。

①展示

当館は「河川とそれにかかわる産業」をテーマに、河川改修や水運の発達の歴史を紹介しながら、流域の人々と川との関わりについての資料を展示しているが、もう一つの重要な柱は「関宿城と関宿藩の歴史」である。

当館はエントランスの他に五つの展示室がある。エントランスの中央には関宿城下町の千分の一の模型がある他、天守閣部分の二階では企画展開催時期を除き、常設展「関宿城と関宿藩の歴史」の展示を行っている。ここでは簗田氏による関宿築城から、松平氏による関宿藩立藩、歴代城主の変遷や武具・調度品の他、藩士の活動、幕末の動乱と廃藩に至る維新期の動きを中心に展示している。案内を希望する団体・グループに対して、学芸員やボランティアによる展示案内も行っている。当館の年間利用者数は毎年一〇万人前後である。

展示は常設展の他に、企画展やパネル展などを年に数回開催している。企画展では図録を刊行し、学識経験者を招いての講演会を実施する他、テーマに関する場所や施設を見学する歴史散歩を学芸員の案内で実施している。講演会以外にも担当学芸員による展示解説会も行っている。(5)

他に、「関宿城写生コンクール」を開催し、関宿城を描いた児童・生徒たちの作品を応募・展示し、一般向けには「関宿城百景写真展」と題する写真展を応募・展示している。これらは児童・生徒から一般まで、関宿城に親しみをもってもらうことを目的に行っている。夏休み期間中は年により双六とクイズを合体させた「すごろクイズ」を実施しているが、ここで扱うテーマは、関宿城に関する歴史や河川・自然環境、船などである。子供たちは（時には大人も）クイズを解き楽しみながら関宿周辺の自然や歴史について学ぶことが出来る。

②資料閲覧

当館では、収集した館蔵・寄託資料について閲覧希望が出されたものについては、当館職員立ち合いの元に閲覧が可能である。利用の多くは研究者や博物館・自治体史関係者だが、一般の方も旧関宿藩士に関する史料を閲覧している。

写真４　城下を歩こうにて関宿関所跡を案内
（写真提供千葉県立関宿城博物館）

③講座等

当館ではさまざまな講座・体験教室を実施している。特に城下町に関わるものでは、当館学芸員が城地および城下町周辺を案内する「関宿城下を歩こう」と称する体験教室がある（写真４）。これには一日コースと半日コースがある。

一日コースは、関宿城本丸跡・筋違いの十字路・外堀土塁跡と城地一帯を巡り、城下町に出て関宿関所跡の他、城下や町周囲の寺を廻る。また戦後郷土に移住した鈴木貫太郎の記念館や、町内に残る洪水時の避難場所である「水塚」や、郊外の刑場跡を巡る六時間程のコースである。鈴木貫太郎記念館は最近テレビや映画等で取り上げられることが増え、関心が高まり、来館者が急増している。

半日コースは、関宿水閘門を中心とした江戸川沿いの二時間コースであり、両コース共毎回多くの人の参加があり大変好評である。

関宿藩および関宿城下について研究成果を発表する場として、当館では「博物館セミナー」と研究報告の刊行を行っている。当館では現在七名の館外の調査協力員が登録されており、歴史・河川・船・民俗の他、自然環境の専門家が当館の展示や調査に協力し、各回二時間程の講演を行っている。この他、当館学芸員も一研究者として館の内外で研究活動を行っており、公民館や図書館自治体史、他の博物館や大学などさまざまな研究機関において講演している。

(2)　その他の活動

当館の他に市内外の公民館や図書館等でも、市民を対象としたさまざまな講座が開かれており、関宿の歴史に関する講座も多い。特に野田市役所内にある野田市史編纂室では、市史刊行に関わる資料調査と資料収集を行っている。市史の刊行の他に市史研究の刊行も行い、関宿を含む野田市に関わる研究成果の発表の場となっている。また、市民向けの講演会を開催しており、毎回盛況を呈している。

当館職員以外にも、当館周辺地区を含めて丁寧なガイドを行っている人達がいる。「むらさきの里野田ガイドの会」である。同会は野田市内の史跡や自然を参加者と共に歩きながら案内しており、当館および城下町周辺を歩くコースも設定されている（会名の「むらさき」は、野田の醬油（むらさき）にちなむ）。

この他に年で一番多くの人が当館周辺に集うイベントとして、野田市関宿商工会が事務局で実施する「野田市関宿城さくらまつり」（写真５）がある。これはほぼ毎年三月末から四月上旬の桜の開花に合わせて行う一大イベントである。当館敷地周辺で大名行列や古武道の演武をはじめとする多様なイベントが行われ、毎年一日で一万五〇〇〇人以上の観客が来場し、大人から児童・生徒まで春の一日を関宿城で楽しんでいる。

以上述べたように、関宿城跡には残っている史跡や建物が少なく、また分散しているため、現在の城跡から城の姿を見出すことには相当の想像力を必要とする。また武家屋敷や古い町屋もなく、観光地にありがちな城下町の風情を感じることも出来ない。[6] ただ関宿には城があり町は城下町であったことは事実であり、興味を持てばそれに関する情報を集めることは可能であり、それらの情報は当館をはじめ随所で手軽に入手出来る

写真５　野田市関宿城さくらまつり
（写真提供千葉県立関宿城博物館）

おわりに

最後に現在の城下町における天守閣の役割について触れておきたい。

概して旧城下町は町としてのまとまりが強いという印象がある。その理由は町の成立が江戸期またはそれ以前に作られ、町としての歴史が長いこと。藩政時代には藩主を中心とした家臣団がまとまり、領内・領民に対しても政治的・経済的結びつきが強かったこと。廃藩後もかつての家臣団の子孫が残り横の繋がりが強く残ったこと。もっとも、それは旧藩士が町を離れ、次第に旧身分の枠を超えた繋がりへと変化することで薄まる傾向に

ある。地理的には町の中心に城があり、現在でも城が地域のシンボル的存在であること。などが考えられる。

関宿の場合、幕末の動乱で多くの脱藩者が関宿を離れ、廃藩・廃城と河川の改修で城や町の一部が埋没・移転させられ、鉄道路線から外れたことなどにより、かつての町の賑わいは失われた。にもかかわらず、江戸川スーパー堤防の整備に当たって地元からの強い要望で天守閣造りの当館が建設されたことを見ると、関宿にはいまだに城下町としての誇りと町のまとまりが強く残っていると感じさせられる。町のどこからも見受けられる城(天守閣)は、眺めるだけで人に安心感を与える装置であるのかもしれない。

しかし天守閣の存在がかえって損をもたらすことはないだろうか。関宿に住む人達が天守閣を眺めそこに城があったこと認め、安心する。そこで城下町への興味が止まってしまうとしたら、それは聊かもったいない気がする。前述のように関宿にも独自の長い歴史があり、それは誇って良いものである。しかし誇るべきその中身まで興味を持たない、良く知ろうとしないのは宝の持ち腐れと言えよう。なまじ天守閣がない方が、郷土史へのさらなる探求心を呼び起こされるのかもしれない。

とはいえ天守閣が人々の興味の呼び水となるならば幸いなことでもある。かつてこの地に城があったという事実を、多くの人に知らしめるのに天守閣ほど適したものはあるまい(7)。天守閣(当館)は博物館としての役割はもとより、地域のシンボルとしての役割も担わされている。町の内外に関宿に関する情報発信する場としても利用されている。かつての城は敵から身を守るための閉ざされた空間であった。現在の城は開かれた場所になり、人を歴史の世界へと誘い、町の魅力を再発見出来るそんな空間になった。城や城下に関するあらゆる記録や史料が多くの人達に利用されることは大変喜ばしいことである。それには残された記録や史料が長く保存されていくことが前提となる。先人達が残してくれた城下町の記録を、われわれは次の世代にまで伝えていく義務があると思っている。

註

（1）本稿で言う関宿城とは本丸・二の丸や武家屋敷を含む地域を指し、城下町とは町人が住む江戸町や台町等を指す。厳密には旧関宿町内の内町や東高野・西高野地区、境町（現茨城県猿島郡境町）や向河岸・向下河岸（現埼玉県幸手市）等も含まれるが、現在多くの境町および幸手市の住民は関宿城下町と意識していることが少ないので、便宜上、現千葉県野田市の関宿城周辺の町域を総称して城下町と呼ぶことにする。

（2）千葉県教育委員会『千葉県文化財センター調査報告書　第一五五集　関宿城跡―東葛飾郡関宿町久世曲輪に所在する関宿城跡確認調査報告書―』（一九八九年）。

（3）千葉県教育委員会『関宿城歴史資料調査報告書』（一九八六年）。

（4）関宿城と城下町を描いた絵図は江戸期を通じて数枚存在する。この中で特に代表的なものは、「下総国世喜宿城絵図」（国立公文書館内閣文庫蔵）である。いくつかある絵図の中で年代が古くかつ城下町まで詳細に描かれているため、河川の流路、町域の広がり、武家屋敷の配置等に関するいくつかの論考の基本史料として使われている。伊藤寿和「下総国関宿城下町に関する歴史地理学的研究」（『日本女子大学紀要』二〇〇七年）、新井浩文「戦国期の関宿城と町場形成―近年の関宿城下構造に関する論考に触れて―」（『研究報告』一二号、千葉県立関宿城博物館、二〇〇八年）、川名禎「久世氏入部期における関宿城総構内の屋敷配置と空間構造―「世喜宿城之図」の検討を通じて―」（『野田市史研究』二六号、野田市史編さん委員会、二〇一六年）他。

（5）新型コロナウイルスの感染拡大防止のため、学芸員やボランティアによる解説や案内をお断りする場合がある（二〇二〇年十二月）。

（6）当館設置への動きが本格化していく平成二～三年（一九九〇～九一）に、旧関宿町では旧関宿地区（本稿で触れている城地および城下を中心とした地区）の活性化を目指した基本計画調査を行った。これには当館周辺の整備と共に、武家屋敷地区を板塀にしてお屋敷町の雰囲気を出し、江戸川には屋形船や釣り船の船着き場を設けた親水施設の設置などが計画されていた。これらの計画は一部しか実施されなかった。もし全て計画通りに開発・整備が行われたとしたら、関宿はもう少し観光地として賑わいを見せたであろう（関宿町『水と緑の城下町　ふれあまちづくり基本計画調査報告書』一九九一年）。

（7）だからといって、筆者はむやみに天守閣風の建物を建設することに賛成はしない。天守閣のような目立つ建物は誤解も生じやすい。もともと近世城郭のなかった町に天守閣風の建物を建設するのは論外として、再現するに当たっても可能な限り史料を検証し、場所や外観等史実に忠実な再現に努めるべきである。

城下町久留里の歴史資源の活用法
―地域・人・博物館を通じて―

平塚憲一

はじめに―城山概説・資料館の沿革・展示テーマ―

房総南部のほぼ中央に位置する久留里《くるり》（千葉県君津市）は、のどかな山里の風景が周囲に広がり、歴史を感じる町並みが人々の郷愁と安心を誘う風光明媚な場所である。町並みの東南に位置する久留里城は、築城後の雨の多さから別名「雨城《うじょう》」の伝説をもち、中世には戦国大名里見氏、近世には大須賀・土屋・黒田氏といった徳川譜代大名の居城となって明治初めまで続いた。

房総の歴史を語るうえで重要な意味をもった久留里城は、明治維新後の廃城で一時周辺が荒廃したが、やがて公園として整備され、昭和四十三年（一九六八）には、上総町の明治百年記念事業の一環で城の復元計画がもちあがった。計画はその後、五か町村合併により成立した君津町、昭和四十六年に市制施行した君津市に引き継がれ、本丸跡に天守閣、二の丸跡に資料館を建設することが決まった。

昭和五十二年（一九七七）七月、二か月におよぶ事前の発掘調査がはじまり、この成果を得て工事に入り、昭和五十三年三月にまず天守閣が竣工、翌五十四年三月には資料館も完成し、同年八月一日に同時オープンとなった(1)。

写真１　久留里城址遠景

オープンの日は、国会議員や県知事・市長ほか多数の関係者が集い開館式典が華々しく行われ、通常七月に開催する地元の祭礼も、この日に合わせたことで久留里の町は祭りムードとなり活気に満ちた。記念祝賀行事の弓道大会や神楽奉納に加え、久留里の商店街を練り歩く大名行列や上総音頭踊り大会なども、この慶事に彩りを添えた。

城下町に住む人々は、長年の悲願達成に湧き、天守閣と資料館の開館に、新しい文化の灯がともされたことを感じ、観光資源として地域発展につながる可能性にも大きな期待を寄せていた。

さて、城山最高所、本丸跡に建つ観光シンボルの天守閣は、静岡県の浜松城を参考とし、鉄筋コンクリート二層三階建てで延床面積一八九・五㎡、高さは約一五ｍである。二の丸跡の資料館は、鉄筋コンクリート造り、一部が地下一階の地上二階建てで、地下には機械室と車庫、一階には事務室・会議室・収蔵庫などが配され、二階の展示室部分を合わせ、延床面積は七〇二㎡である。

天守閣・資料館ともけっして大きな建物ではない。山麓からみると山上付近にその顔をのぞかせる程度のものである（写真1）。しかし、かえってそれが今日では、山城としての久留里城の雰囲気をダイナミックに伝えてもいる。近年の山城ブームとあいまって全国各地から来訪者が増えているのは、こうした山城の景観を楽しめるのはもちろん、随所に残る「堀切」「曲輪」などの戦国時代の遺構から浮かびあがる往時の城の姿が、美しい自然環境のなかで想像できるからかもしれない。

見どころは、山城としての部分だけではない。二の丸跡の資料館屋外には、近年注目されている明治時代に君津地方で考案された掘抜井戸の掘削技術「上総掘り」の足場を復元し、来館者の興味を引いている。また久留里藩ゆかりの人物で江戸時代の著名な学者、新井白石の銅像は、資料館開館時に地域の人から贈られたもので、郷土の誇りとする地域の心意気を感じる。ほかにも、二の丸跡周辺からのぞむ戦国時代の里見氏と北条氏が争ったと伝わる古戦場や、江戸時代の藩主黒田氏のころの三の丸跡が見下ろせる絶壁からの眺望も見応えがある。

資料館では、城山の景観に配慮しつつ、遺構近くに置いた標柱や解説板で来訪者へ理解を促し、自生する植物を身近に鑑賞できるように遊歩道も整備している。

博物館事業の根幹のひとつ、館内の展示活動では、常設展に「ふるさとの歴史と自然をたずねて」のメインテーマを掲げている。一階ホールには、かつての久留里城と城下の様子を伝える城郭模型を備え、二階のワンフロアーの展示室で、久留里城関係の資料を紹介するほか、君津市内の考古・民俗分野をとりあげている。

開館以来、こうした展示の体裁を成り立たせているのは、いまも城下にくらす久留里藩士の子孫をはじめ、館の主旨に賛同いただいた市民からの借用資料である。他館にくらべて自館で所有している資料は多くはないと思うが、むしろ所有者との定期的な借用更新の手続きが、緊密な関係を持続させているのではないかと利点も感じている。

常設展のほかにも、秋の約二か月間は城や君津の歴史にちなんだ企画展を、また地域の新出資料を紹介するミニ展示も開催している。調査研究については、市民と調査隊を組んで資料解読や整理作業にあたることもあり、教育普及事業としては、市内に残る風化されつつある史跡めぐり、久留里城と同様、戦国時代の息吹を伝える中世城郭の探訪講座などを実施している。

年間の入館者数は約二万人。内訳は、おおまかに例年君津市内一〇%、君津市を除く県内が五〇%、千葉県外が四〇%である。統計的にみると市民の割合は少ないが、地域の人々の温かい支援と協力で博物館活動を展開できている。平成から改元した令和元年(二〇一九)が開館四〇周年の節目となった。

一　博物館事業と城下町のかかわり

城跡に立地している館という性格上、やはり城に関することを多角的にとりあげ、来館者の要望に応えたい面があるいっぽう、君津市の博物館として、市域全体の歴史・文化・自然・民俗などを視野に入れる必要があり、これを意識した事業展開をしている。

とはいえ、県下二位の広大な面積を誇る君津市域すべてを網羅し展示に反映するのはむずかしく、限られたワンフロアー、しかも展示面積二二七㎡という狭隘なスペースを、いかに効果的に使用できるかは常に悩みの種である。久留里城関係の歴史資料を紹介する「城と武士」のコーナーのほか、市域の考古資料を紹介する「郷土を掘る」、民俗分野をとりあげた「信仰と文化」の各コーナーで構成する展示室は、たとえ展示替えをしても、限定的・断片的な紹介に留まらざるを得ない。

また、城関係をあつかう「城と武士」にしても、築城の創始から明治の廃藩までの、歴代城主の流れに沿ったゆかりの品々などの展示が主で、城をとりまく城下町の往古の姿までを紹介するかたちとはなっていない。

こうした面を補完、克服するため、毎年秋に開催している企画展では、城に偏らず、城下町についてスポットをあてたり、久留里以外の市域全体に目を向けたテーマを設定したりしている。

また不定期ではあるが、年に何度か開催しているミニ展示でも、広域な君津のなかでの新出資料や、館への新収蔵資料を公開する機会をもうけ、城に直接関係しないものの、市の博物館としての側面も打ち出している。

とりわけ企画展では、城下町の歴史や産業・交通、町を育てた人々のくらしをあつかうことが多くなっており、それらをあげると次のようになる。

（昭和六十三年度）ふるさとシリーズ「小櫃川中流域の文化財―久留里―」
（平成七年度）「久留里藩と城下町」
（平成十二年度）「久留里―人・町・文化」
（平成十六年度）「地方鉄道　久留里線の軌跡」
（平成十九年度）「久留里―人・町・文化Ⅱ～にぎあう町並み久留里」
（平成二十一年度）開館三〇周年記念「久留里の社寺」

ふりかえると、地域の文化財や城主と町のかかわりのほか、平成十二年（二〇〇〇）度と十九年度の二度にわたって開催した「久留里―人・町・文化」では、初回で城下町の歴史的変遷や生業、祭礼、掘抜井戸関連の紹介を、二回目では明治期以降の近代化による町の変貌を、古写真や建築物を中心に紹介している。平成十六年度の「地方鉄道　久留里線の軌跡」では、舟運に替わる地域への鉄道の普及と、人々のくらしに与えた影響を懐かしい久留里線関連の資料とともにあつかった。

開館三〇周年記念となった平成二十一年（二〇〇九）度の企画展では、「久留里の社寺」と題して城下周辺の社寺を総合的に調査した成果を披露した。社寺を中心にすえて過去の地域社会の政治・経済・文化にせまり、これまであまり顧みられなかった社寺建築やそこに付随する彫刻についてもとりあげた。

写真２　歴史資料の見方－近代建築－

こうした企画展への準備も含めた資料の収集、調査研究などで、地域のなかに積極的に繰り出していった結果、城下町に住む人々との関係がさらに親密になったと感じている。地域を題材に地道な活動を積み重ねてきたことが、資料館事業に対する好感と信用を生み、地域の博物館そのものの役割についても理解が深まったように受けとっている。

事業のなかで、比較的長期にわたって城下町の住民や地元公民館、専門家などとかかわり、展開してきたものに、平成十五年（二〇〇三）からはじまった「まちなみ」関係の事業がある。

久留米市場（俗に「久留里の商店街」）を舞台に行われたこの事業は、明治～昭和の商業地としてのまちなみを特徴づける「建物」を個別に調査していくなかで、さまざまな要因がからみ、事業として大きな広がりをもっていったというものであった。

すでに平成十二年（二〇〇〇）に開催した企画展「久留里―人・町・文化」での調査が参考になったが、時期的にも明治～昭和の戦前ぐらいまでの近代建築が、地域の風土や職人の洗練された技術が反映されたものとして注目され、しかもそれらが急速に失われつつあり、建物の価値を見直そうという動きが広がっていたときであった。

こうしたなか、資料館では久留里を中心に建物に関係する多種の講座を実施した。専門家を招いての建物の調査や見学会（写真２）・写生会、また、その写生の作品展、展示の解説会などである。地元上総公民館の職員の思いとも合致し、資料館が主催したり、公民館の主催に資料館が協力したり、両者で共催したりと、かたちはさまざまであったが、建物所有者や地域の方々の協力のもと一〇回以上実施でき、講座参加者にもすこぶる好評であった。地域の方にとってはありふれた日常の光景であるが、久留里のまちなみは近代の貴重な建物が点在し、そこにかつての人々の生活の工夫や生業の特徴が盛り込まれた、文化の凝縮した場所であることを、主催する側、参加する側ともに確認し合った事業であった。(2)

二　地域の祭礼と博物館

伝統ある城下町久留里には、歴史的由来にもとづく祭礼として「久留里夏まつり」がある。例年七月中旬に開催され、ＪＲ久留里駅前と久留里商店街を中心に、「上町《かみちょう》」「仲町《なかちょう》」「下町《しもちょう》」「新町《しんまち》」のもつ四基の大きな山車が引き廻され、たいへん勇壮なものである。

山車や神輿の集まる久留里駅前の広場では、お囃子や太鼓、ダンスなどの演芸イベントも披露され、近年は地元の甲冑会が製作した「手づくり甲冑」による武者行列なども行われている。

資料館では、この「久留里夏まつり」において「上町」の山車に飾られる「山車飾り 飛龍」を同自治会からお預かりしている。祭礼近くになると、自治会の青年らが当館から持ち出し、祭礼終了後は、また館に戻ってくるわけであるが、この時期は、地元の中学校の生徒数名を職場体験として受け入れることがあり、職員立会いのもと、この山車飾りを生徒に清掃、点検させることがある。

地域の歴史と密接な現役の祭礼用具の手入れをとおし、中学生にも地域に関心をもってもらい、そこに博物館の存在を感じてほしいという気持ちを込めている。

祭礼の歴史などについては、資料館から関係資料の情報を発信することもあるが、近年は各種メディアからの問い合わせも増えている。地域に深く根ざしている祭礼の調査研究をすすめることは、地域とのコミュニケーションを円滑・活発にする重要な要素でもあり、地域をテーマにするほかの博物館活動にも良い影響をもたらすように思う。(3)

三　ボランティアガイドとの交流

城と城下町の歴史をもつ多くの自治体が、ボランティアガイドの制度をとり入れ、訪れる観光客に対し、まちの魅力を発信している。久留里においても「くるりボランティアガイドの会」が平成十五年(二〇〇三)四月、当時の君津市教育委員会生涯学習課の推奨により、久留里地区関係団体の協力のもと発足した(現在の管轄は経済部)。

「城と生きた水の里」を標榜する久留里は、城下町として長い歴史をもち、商業地や交通の要所として栄え、まちなかには古い建物が多く、いたるところで上総掘りによる井戸が湧いている。最近では久留里城天守閣からの眺めが県の「ちば眺望一〇〇景」に選ばれ、上総掘りの自噴井戸も、環境省による平成の名水百選で「生きた水・久留里」として認定されている。こうした君津市において傑出した観光資源の集積エリアという特性をPRし、久留里の良さを知ってもらえるよう誠意ある応対を心がけ活動している。

会員は、現在一五人ぐらい。県内外からの観光客の依頼をうけ、年間に約一〇〇〇人～二〇〇〇人をガイドしている(写真3)。

ガイドをしてほしい人は、久留里駅近くの君津市久留里観光交流センターに申し込む。事前の予約制となっているが、ゴールデンウィークや秋の久留里城まつりなど、あらかじめ多くの集客が見込める時期には、資料館前に常駐し、訪れる客を順次案内する特別ガイドを行っている。

会では発足以来、会員のスキルアップのため、ガイド先進地の視察や定期的な研修会をとおして研鑽に努めている。城や城下町の歴史・文化についての研修会には、資料館職員が講師として呼ばれることもしばしばである。

資料館としてもボランティアガイドとの交流は、メリットがあるように思う。ふだんは館内での接客が中心となる職員とは違い、町並みを歩きながら観光客を案内・解説するボランティアガイドには、その場その場での観光客の率直な感想、現場にいるからこそ気づく疑問・質問などが投げかけられるからである。学芸員への質問には、ハードルの高さを感じ遠慮してしまう方もいるが、ボランティアガイドの方とは、気軽に会話もはずみ、そこから有益な情報が得られる場合もある。

写真3　ボランティアガイド

観光客の最近の動向や他地域の様子など、新鮮味のある情報を資料館にももたらしてくれるボランティアガイドであるが、今後の課題も耳にしている。

歴史をあつかうボランティアガイドがシルバー層によって支えられているケースは全国的にも多いが、久留里では今後、中高生など若い世代にもガイドに加わってもらうべく、手立てを講じたいとのことであった。

若者層が地域の歴史に関心をもち、楽しみながら学んだ知識を観光客へ還元している姿は、大きな感動を与え、他とはひと味違う久留里の魅力を発信することにつながるかもしれない。また若者自身がガイドを通じて地域社会に参加しているという自覚を強め、城下町久留里にいっそうの親し

写真4　君津市史全10巻

み、誇りを感じるとともに、ふるさとの振興・発展に貢献したいという心を育んでほしいとのねらいもある。

平成三十年(二〇一八)度から就任したボランティアガイドの新会長からは、この件について協力をもとめられているが、若年層のとりこみは、当館の事業にとっても大きな課題であり、互いに知恵を出し合いながら人材育成の道を探っていきたい。

四　君津市史編さん事業の成果と課題

君津市では、昭和六十二年(一九八七)度から平成十三年(二〇〇一)度まで一五年にわたって市史編さん事業にとりくみ、『史料集』六巻の他、『自然編』『金石文編』『民俗編』『通史〈別冊年表付き〉』の計一〇巻を刊行してきた(写真4)。

この一大修史事業は、昭和四十六年(一九七一)の市制施行以降しばらくしても本格的な『市史』がないことに対し、市民が刊行を要望する声を上げたことが発端だという。昭和六十一年九月には、事業開始に向けた準備委員会が発足、組織・条例・委員メンバーなどが検討され、翌六十二年四月、市史編さん委員会が設置された。さらに翌六十三年四月には、編さん体制の充実をはかるため市史編さん協力員が置かれ、長期におよぶ資料調査・研究がスタートした。

当初より「市民の手づくりによる市史」を合言葉にしたこの事業は、その目的を市民自らが郷土の歴史・文化の調査研究に携わることで、地域を見直すきっかけとし、将来のまちづくりに生かしていくというものであった。

平成三年（一九九一）三月、市制施行二〇周年の年に、まず第一巻目である『史料集Ⅰ（古代・中世・近世Ⅰ）』を発刊し、以後、若干の計画変更はあったが、古代から現代までをあつかった『史料集』六巻を出したのち、『自然編』『金石文編』『民俗編』を順次刊行し、事業開始から一五年目の平成十三年度、市制施行三〇周年を記念するかたちで『通史』を発刊し終了した。この時点での編さん委員は一四名、協力員は二二名であった。

事業のさなか、平成五年（一九九三）七月からは、市の広報紙「広報きみつ」で「君津いまむかし」の連載を開始、編さん委員・協力員・市史編さん事務局が、調査研究のなかで明らかになる君津の往古の姿を市民に紹介し、事業への理解とさらなる情報提供を呼びかけた。それは『通史』発刊まで一〇〇回にわたって続けられた。

また、市史全巻完成の際には、市内にある七つ（編さん終了時）の公民館で「郷土の歴史を学ぶ講座」を開催した。編さん委員・協力員を講師に、各公民館地区になじみのテーマで研究成果を披露したものであるが、市民に市史を活用いただく期待を込めたものであった。歴代の編さん関係者を招いての記念祝賀会も催したが、みな感慨深げであった。

編さん事業中は、本を出すことに追われ、なかなか事業全体を顧みる時間的余裕がなかったが、さすがに全巻刊行後の最終局面では、改めてこの事業をふりかえり、その評価と今日的な課題、未来への展望をまとめるかたちで締めくくろうということになった。

結局、一五年の長きにわたる一大文化事業となったが、君津市を知る基礎文献ができたことは喜ばしく、編さんの過程で集められた膨大な資料・情報が市民の文化的財産となったことは最大級の成果といえた。

また、保存を考慮して行った資料調査では、その目録化により、市史への採用分だけでない資料群全体の把握につとめ、整理された資料については、多くを現地保存の方針とし、古文書などを文化財として大切に守っていく考えを市民に広めようとした。

さらに歴史系のほかに、別編として『自然編』『民俗編』など、市の成り立ちを総合的にとらえる刊行ができたこと、とくに当時としてはめずらしかったオールカラーでの『自然編』の刊行や、短期間の編集で『通史』に別冊として「年表」を付すことができたのも意義あるものであった。

しかし、いっぽうで課題も噴出した。編さんのなかで集積された資・史料の分類整理や継続した資料の収集、市民や研究者に対する市史レファレンス（君津市関連資料の案内）の整備、市史の普及と活用を念頭においた公民館・図書館・資料館との連携事業の模索などである。市史の刊行を機に、君津市の歴史に関心をもつ人の輪が広がり、発展して地域史研究が深められるようにするには、文書館的機能を備えた機関ないし組織の確立が急務であることも示された。

また、今回の市史であつかわなかった昭和五十年（一九七五）代以降の市の歴史を、今後どのようにまとめていくのか。その際、鍵となる行政文書の歴史的価値にもとづく選定、保存整理など、しっかりとした体制を整えておかないと、いずれくる第二次・第三次の市史編さんに耐えられないということも再確認した。

五　編さん関係者のその後

自治体史の編さんは、その自治体があるかぎり永久に続けなければならない。このことは理解しつつも、君津市の市史編さん体制は、市史全巻の刊行を機に、条例など関係法規の廃止によって編さん委員会は解散、市史編さん室も閉室となった。

以後、編さん室であつかっていた業務は、事業の継続が君津市教育委員会生涯学習課文化係（当時）へ、収集した資料の保管は君津市立中央図書館（平成十四年〔二〇〇二〕度開館）へ、市史の販売・在庫管理等は総務部総務課へ、というように分散されることになった。

編さん事業にかかわった委員・協力員のなかには、その後も個人・有志で調査研究を続け、自分が執筆担当した分野をさらに平易にした普及版の製作を手がけたり、より地域に密着した地域史の刊行に、これまで培ったノウハウを生かしてとりくんだ人もいた。

また、編さん時代に蓄積してきた研究成果は、公民館や資料館の講演会や講座のテーマにも生かされ、内外から市への歴史関係の問い合わせや、メディアにおける地域史情報の発信の際にも、かつての委員・協力員が力を発揮し、市にとって貴重な人的資源となっている。

編さん事業で深めた協力員・関係者の交流が、新たに古文書学習サークルを誕生させ、継続して地域資料の解読をすすめた結果、成果物を数冊出す域にまで達した例もある。(4) 資料館が保管する久留里藩政関連の記録の翻刻は、館でも長年の懸案であったものを、編さん関係者の尽力によって刊行にいたらせ、今日では研究者が興味を示す参考資料になっている。

平成の時代の約半分を使ってとりくんだ君津市の市史編さん事業は、市史刊行後に閉幕となり、分散されて業務を引き継いだ市の関係各課も、まだまだ課題克服の途上にあるが、編さん事業の理念・精神は脈々と編さん関係者のなかに受け継がれているようでもあり、これらを新しい時代において、どのように生かせるかを今一度問い直す時期にきている。

六　国の登録有形文化財の活用

久留里には、明治～昭和初期にかけての近代建築物が約六〇件確認されている。歴史を感じさせるこうした町並みを代表する建築物のひとつ、久留里市場「仲町」にある河内屋《かわち》(「旧河内屋店舗及び主屋《しゅおく》」以下単に「河内屋」)が、平成二十一年(二〇〇九)六月、国の登録文化財として認定された。登録文化財としては、君津市初となるこの嬉しいニュースは、改めて久留里の歴史と町並みについての文化財的な価値を見直すきっかけとなった。

登録文化財は、平成八年(一九九六)十月の文化財保護法改正によって創設された制度で、保存や活用などの措置が必要とされる文化財建造物を、文化財登録原簿に登録し、従来の指定制度と違って、ゆるやかな規制のもとで活用の途を閉ざさず守っていこうとするものである。国土開発や都市計画の進展、生活様式の変化などで、社会的評価を受けずに消滅の危機にある多種多様な文化財建造物を、後世に継承していくためにもうけられた。

久留里の「河内屋」も、築五〇年を経過していることや、歴史的景観に寄与しているなどの条件をクリアし、一定の評価を得たため登録されることになった。

さて、この河内屋は、もともと江戸時代から続いていた商家で、明治以降は、金物・ガラス・猟具をはじめ、久留里鎌や上総掘り用の部品なども取りあつかっていた店である。現在の建物は昭和八年(一九三三)の建築であるが、時代の変化のなかで平成十五年(二〇〇三)に営業を終え、その後は空き店舗になっていた。

久留里の商店街も昭和のころの勢いと違い、今日では空き店舗となるところが多いが、こうした空き店舗を利用して久留里の町並みの魅力を高めようと動いたのが、地元の若手らで地域の活性化にとりくむＮＰＯ法人「久留里フィールドミュージアム」であった。代表の坂本好央氏は、河内屋の空き店舗にギャラリーの開設を計画し、再生活用を試みたのである。

平成十九年（二〇〇七）十一月から行われた実測調査には、一級建築士で資料館事業でも講師をつとめた渡邉義孝氏が協力してくれ、翌二十年八月から渡邉氏とＮＰＯで、ほとんど手づくりで改装工事に挑んだ。河内屋の所有者も快くこれを受け入れ、再現のむずかしい、昔ながらの天井や柱枝を生かした風情ある展示ギャラリーが仕上がった。

写真５　ギャラリー河内屋

新しく誕生した「ギャラリー河内屋」（写真５）は、平成二十年（二〇〇八）十一月、無事オープンをむかえ、記念の特別展として市内在住の画家の個展が開催された。以後、市内ゆかりの画家の作品展や久留里線の資料展などが開かれ、地域住民や観光客の気軽な立ち寄りスポットになりつつあるなか、翌年に登録文化財となったのである。

地域の歴史的建造物を地域住民自らの手で活用方法を見出し、実現させたという典型例となったが、ＮＰＯの坂本代表は、登録によってさらに久留里の魅力を知ってもらえると喜んでいた。

ギャラリーの和の空間は、博物館の展示室とはまた違った雰囲気を醸し出しており、館の事業としても巡回展や写真展などで活用してきている。ＮＰＯなどの展示活動の際にも協力してきたが、伝統的な建物を生かした地域の文化・芸術振興の拠点として、長く親しまれる存在になることが期待されている。

おわりに

城と城下町、そこにある博物館として久留里の場合を例に、今日までの資料館活動の一端（一部市史編さん事業）を、地域との関係を交えて紹介してきた。

もともと久留里地域の人々は、資料館の事業に対して好意的・協力的で、展示活動への支援はもとより、まちなかに繰り出して行っている調査や取材にも快く応じてくれるなど、館とは良好な関係にある。これは、開館時から地域とともに歩もうとしてきた館の地道なとりくみに対する評価、歴代職員が育んできた信頼関係、直営の公立博物館としての安心感などが下支えとしてあるからかもしれない。

加えて近年、久留里の城とまちの歴史や、資料館が保管する資料に関心を示し、調査の対象としてくれる外部の研究者からの評価も、館の活動と地域の結びつきに少なからず影響を及ぼしていると思われる。

しかしながら、全国的にみられる現象と同様、商店街の空洞化や少子化による学校再編の波、次世代人口の減少・流出が懸念材料として浮上している。このような現状のなか、博物館はどのように地域と向き合い、その本来の役割と持ち味を生かしながら、地域社会に貢献できるかが試されている。

最近、こうした問題の打開の意味も含んでか、なにかと「連携」という言葉が叫ばれている。すでに博物館のなかには、図書館・公民館など他の社会教育機関や学校教育との間で、連携事業の経験が蓄積されているところもあるが、今後は観光・福祉など部局を越えた行政との協力関係の構築に、まちの活性につながる事業展開の期待がかかってくる。

とくに「観光立国」をめざす国の動きのなかで、連動して変化をせまられている博物館にとっては、観光セクションとの連携は最重要テーマとなり、これによって長年にわたる博物館事業で得られた経験、実績が生かされればよいが、反面、連携の仕方やその過熱ぶりが、かえって無用の負担増を招き、博物館の本来あるべき姿、根幹部分を揺るがす事態に陥らぬよう、留意しておかなければならない。

このようなことをふまえ、城と城下町の歴史をもつ自治体同士、あるいはそこにある博物館同士が、それぞれの地域とのかかわりや事業について情報交換し、課題を共有し、議論する定期的な集いの場が、もっと検討されてもよいのではないだろうか。活発な交流や意思疎通のなかで、博物館の本分をわきまえつつ観光立国に資する新たな事業へのヒントが見つかるかもしれない。

註

（1）久留里城址の発掘調査成果は、『上総久留里城』（久留里城址発掘調査団編集・君津市教育委員会発行、一九七九年）にまとめられ、天守閣・資料館開館の経緯は『君津市立久留里城址資料館年報』一（一九八〇年）に詳しい。

（2）久留里の建物・まちなみの魅力については、『久留里城址資料館だより』三六（二〇〇五年）参照。

（3）久留里市場の例祭に関する調査研究は、『君津市立久留里城址資料館年報』三一（二〇一〇年）で報告されている。

（4）平成十三年に発足した「上総古文書の会」では、これまで『御明細録―上総久留里藩主黒田氏の記録―』（二〇〇六年）、『雨城廼一滴―上総久留里藩主黒田氏の記録―』（二〇〇九年）、『黒田家臣傳稿本―上総久留里藩主黒田氏家臣の記録―』（二〇一〇年）を刊行し、その後も藩および地域関連資料の発掘につとめている。

あとがき

本書は、二〇一八年三月十七日に、「佐倉・城下町四〇〇年記念事業」のクロージングイベントの一つとして、佐倉市立美術館で開催されたシンポジウム「城・城下町の歴史遺産―守り、活かし、伝える―」の成果をもとに編んだものである。シンポジウムの構成は左の通り。

【報告】

①宮間　純一「地域を支える記録―「佐倉」にとっての歴史遺産―」

②土佐　博文「佐倉城下町の文化財施設と文献資料」

③須賀　隆章「城と城下町に関する文化財の現在―佐倉における事例から―」

④平塚　憲一「久留里の城と城下町の活かし方―地域・人・博物館―」

⑤岡田　晃司「「館山」という城と町の事例」

【トークセッション】　司会：長谷川香澄　　記録：清水邦俊

当日は、六〇名を超える参加者があり、市民を巻き込んだ活発な議論がなされた。私は佐倉市の出身者ではないが、学生の頃から佐倉市で一〇年以上にわたって近世・近代史の調査研究に従事させていただいてきた。しかしながら、論文や講演・講座などで研究成果を一方的に発信することはあっても、本格的な双方向のやりとりを市民と真正面から試みたのはこれが初めてであったように思う。このシンポジウムをコーディネートし、「佐倉・城下町四〇〇年」の記念事業を横目で見ながら私が認識したのは、市民の「郷土史」への構えと歴史資源への期待である。佐倉という地域では、城や城下町の記憶と歴史資源が生活に溶け込んでおり、少なくない市民が（無自覚だとしても）城・城下町をベースにした独自の「郷土史」観を有している。城や城下町にかかわる歴史資源に対する期待もその分、大きいのであろう。

佐倉での研究活動の中で皮膚感覚で得られたこの感触を自分なりに検証し、またシンポジウムにおける各報告の成果を記録化したいと考え企画したのが本書の刊行である。議論に厚みを増すため、旧知の尾崎晃さん、宮坂新さん、ならびにシンポジウムで司会を担当していただいた長谷川佳澄さんにも執筆陣に加わっていただいた。おかげさまで、お読みいただければわかるように一つ一つの論考は大変充実した内容となった。編者の力量不足で、各執筆者の思いを一冊の本としてどれほど伝えられたか心許ないばかりだが、本書が、「はしがき」で示した試みにいくらかでも応え、歴史資源の保存と活用を検討する材料の一つとなれば望外のよろこびである。読者のみなさまからの忌憚ないご批判を期待したい。

最後にお詫びと感謝を。シンポジウムの開催から刊行まで三年もの月日が経過してしまったのは、ひとえに編者の責任である。刊行をお願いしてから長期間お待ちいただき、入稿後も書名や構成について早朝のファミリーレストランで一緒に頭を悩ませていただいた岩田書院の岩田博さんに心より感謝申し上げたい。

なお、本書はJSPS（日本学術振興会）科学研究費20K20503・挑戦的研究（開拓）（研究代表者　渡辺浩一）、JSPS科研費18K12516・若手研究（研究代表者　宮間純一）、および中央大学政策文化総合研究所「地域社会の持続と歴史的資源の保存・活用」チーム（研究代表者　宮間純一）による研究成果の一部である。

二〇二一年二月

編者しるす

長谷川　佳澄（はせがわ　かすみ）
1984年生。佐倉市総務部行政管理課市史編さん担当。千葉大学大学院人文社会科学研究科博士前期課程修了。
主な業績
「佐倉藩城付領における組合議定について」（『地域史の再検討　村田一男先生喜寿記念論集』所収、村田一男先生喜寿記念論集編集委員会、2017年）
「地域における虚無僧の位置づけについて―佐倉藩城付領を事例に―」（『千葉史学』第62号、千葉歴史学会、2013年）
「虚無僧と地域社会―京都明暗寺と丹後田辺藩領の場合―」（『千葉史学』第60号、千葉歴史学会、2012年）

平塚　憲一（ひらつか　けんいち）
1970年生。君津市立久留里城址資料館副館長。専修大学文学部人文学科卒業。君津市立久留里城址資料館学芸員、君津市市史編さん室、君津市立中央図書館勤務などを経て現職。
主な業績
『黒田家臣傳稿本―上総久留里藩主黒田氏家臣の記録―』（共著、上総古文書の会、2010年）
『雨城廼一滴―上総久留里藩主黒田氏の記録―』（共著、上総古文書の会、2009年）
『御明細録―上総久留里藩主黒田氏の記録―』（共著、上総古文書の会、2006年）

宮坂　　新（みやさか　あらた）
1978年生。館山市立博物館主任学芸員。中央大学大学院文学研究科博士後期課程修了。博士(史学)。
主な業績
「江戸周辺地域における幕府広域行政の展開と受容」（『関東近世史研究』第80号、2017年）
「近世関東における干鰯流通の展開と安房」（荒武賢一朗編『世界とつなぐ 起点としての日本列島史』所収、清文堂出版、2016年）

宮間　純一（みやま　じゅんいち）＊編者
1982年生。中央大学文学部准教授。中央大学大学院文学研究科博士後期課程修了。博士(史学)。宮内庁書陵部研究職、国文学研究資料館准教授、総合研究大学院大学文化科学研究科准教授を経て現職。
主な業績
『天皇陵と近代―地域の中の大友皇子伝説―』（平凡社、2018年）
『国葬の成立―明治国家と「功臣」の死―』（勉誠出版、2015年）
『戊辰内乱期の社会―佐幕と勤王のあいだ―』（思文閣出版、2015年）

【執筆者紹介】 50音順

岡田　晃司（おかだ　こうじ）
1958年生。館山市立博物館主任学芸員(再任用)。國學院大學文学部史学科卒業。館山市立博物館学芸員、館山市立博物館長を経て現職。
主な業績
『図説　安房の歴史』（共著、郷土出版社、2009年）
『さとみ物語』（館山市立博物館、2000年）

尾﨑　　晃（おざき　あきら）
1962年生。千葉県立関宿城博物館学芸課長。東洋大学大学院文学研究科修士課程修了。国立歴史民俗博物館資料係長、千葉県文書館副主幹、千葉県立関宿城博物館主任上席研究員などを経て現職。
主な業績
「文書館展示を魅力あるものに―千葉県文書館の試み―」（『記録と史料』第21号、2011年）
『勝浦市史』通史編および資料編　近世(勝浦市、2006年・2004年)
「岩槻藩勝浦領における炭生産の管理とその推移」（『白山史学』第40号、白山史学会、2004年）

須賀　隆章（すが　たかあき）
1984年生。佐倉市教育委員会文化課学芸員。千葉大学大学院人文社会科学研究科博士後期課程満期退学。日本学術振興会特別研究員(DC1)を経て現職。
主な業績
『佐倉・城下町400年記念事業総合展示「城と町と人と」』（編著、佐倉市教育委員会、2018年）
「「城」をめぐる映像技術の現在とこれから：文化財の新たな活用の模索」（『千葉大学大学院人文公共学府研究プロジェクト報告書』第333集、2018年）
「佐倉市の文化財行政と「日本遺産」」（小川真実と共著、『千葉大学人文公共学研究論集』第36号、2018年）

土佐　博文（とさ　ひろふみ）
1965年生。佐倉市立志津公民館長。國學院大學文学部史学科卒業。佐倉市教育委員会文化課、佐倉市史編さん担当を経て現職。
主な業績
『図説　印旛の歴史』（共著、郷土出版社、2013年）
「依田学海―佐倉藩士、漢学者として幕末から明治を見つめた男―」（『千葉史学第54号　房総に生きた人びとと歴史』所収、千葉歴史学会、2009年）
「佐倉順天堂門人とその広がり―門人帳にみる門人とその史料をめぐって―」（『国立歴史民俗博物館研究報告』第116集、2004年）

歴史《れきし》資源《しげん》としての城《しろ》・城下《じょうか》町《まち》　岩田書院ブックレット歴史考古学系H30

2021年（令和３年）２月　第１刷　700部発行　**定価［本体1600円＋税］**

編　者　宮間　純一

発行所　有限会社岩田書院　代表：岩田　博　http://www.iwata-shoin.co.jp

〒157-0062 東京都世田谷区南烏山4-25-6-103　電話03-3326-3757 FAX03-3326-6788

組版・印刷・製本：新日本印刷

ISBN978-4-86602-113-3 C1321 ¥1600E

岩田書院ブックレット 歴史考古学系Ｈ

①	史料ネット	平家と福原京の時代	1600円	2005.05
②	史料ネット	地域社会からみた「源平合戦」	1400円	2007.06
③	たばこ塩博	広告の親玉赤天狗参上！	1500円	2008.08
④	原・西海 ほか	寺社参詣と庶民文化	1600円	2009.10
⑤	田村　貞雄	「ええじゃないか」の伝播	1500円	2010.04
⑥	西海・水谷ほか	墓制・墓標研究の再構築	1600円	2010.10
⑦	板垣・川内	阪神淡路大震災像の形成と受容	1600円	2010.12
⑧	四国地域史	四国の大名	品切れ	2011.04
⑨	市村高男ほか	石造物が語る中世の佐田岬半島	1400円	2011.08
⑩	萩原研究会	村落・宮座研究の継承と展開	1600円	2011.09
⑪	四国地域史	戦争と地域社会	1400円	2011.10
⑫	法政大多摩	文化遺産の保存活用とNPO	1400円	2012.03
⑬	四国地域史	四国の自由民権運動	1400円	2012.10
⑭	時枝・由谷ほか	近世修験道の諸相	1600円	2013.05
⑮	中世史ｻﾏｰｾﾐﾅｰ	日本中世史研究の歩み	1600円	2013.05
⑯	四国地域史	四国遍路と山岳信仰	品切れ	2014.01
⑰	品川歴史館	江戸湾防備と品川御台場	1500円	2014.03
⑱	群馬歴史民俗	歴史・民俗からみた環境と暮らし	1600円	2014.03
⑲	武田氏研究会	戦国大名武田氏と地域社会	1500円	2014.05
⑳	笹原・西岡ほか	ハレのかたち－造り物の歴史と民俗－	1500円	2014.09
㉑	四国地域史	「船」からみた四国－造船・異国船・海事都市－	1500円	2015.09
㉒	由谷　裕哉	郷土の記憶・モニュメント	1800円	2017.10
㉓	四国地域史	四国の近世城郭	1700円	2017.10
㉔	福井郷土誌懇	越前・若狭の戦国	1500円	2018.06
㉕	加能・群馬	地域・交流・暮らし	1600円	2018.11
㉖	四国地域史	四国の中世城館	1300円	2018.12
㉗	小宮木代良	近世前期の公儀軍役負担と大名家	1600円	2019.03
㉘	市村高男ほか	勝尾城筑紫氏遺跡と九州の史跡整備	1800円	2019.12
㉙	福井郷土誌懇	幕末の福井藩	1600円	2020.03

岩田書院 刊行案内（28）

			本体価	刊行年月
081	中根　正人	常陸大掾氏と中世後期の東国＜戦国史19＞	7900	2019.07
082	樋口　雄彦	幕末維新期の洋学と幕臣＜近代史23＞	8800	2019.08
083	木本　好信	藤原南家・北家官人の考察＜古代史13＞	4900	2019.08
084	西沢　淳男	幕領代官・陣屋 データベース	3000	2019.08
085	清水　紘一	江戸幕府と長崎政事	8900	2019.08
086	木本　好信	藤原式家官人の考察	5900	2019.09
087	飯澤　文夫	地方史文献年鑑2018	25800	2019.10
088	岩橋・吉岡	幕末期の八王子千人同心と長州征討	3000	2019.11
089	西沢　淳男	飛騨郡代豊田友直在勤日記１＜史料叢刊13＞	7000	2019.11
090	幕藩研究会	論集 近世国家と幕府・藩	9000	2019.11
091	天田　顕徳	現代修験道の宗教社会学	4800	2019.11
092	坂本　　要	東国の祇園祭礼	11000	2019.12
093	市村高男ほか	勝尾城筑紫氏遺跡と九州の史跡整備＜H28＞	1800	2019.12
094	丹治　健蔵	東海道箱根関所と箱根宿＜近世史52＞	7200	2019.12
095	川勝　賢亮	武州拝島大師本覚院の歴史文化	1800	2020.01
096	加藤　正春	奄美沖縄の霊魂観	8000	2020.02
097	石井　清文	鎌倉幕府連署制の研究	11800	2020.02
098	福井郷土誌懇	幕末の福井藩＜ブックレットH29＞	1600	2020.03
982	福原　敏男	仮装と俄の祭礼絵巻	12000	2020.03
099	北川　　央	近世の巡礼と大坂の庶民信仰	3800	2020.04
100	南奥羽戦国史	伊達政宗－戦国から近世へ	2400	2020.04
101	戦国史研究会	論集 戦国大名今川氏	6700	2020.04
102	高橋　裕文	中世東国の村落形成＜地域の中世21＞	2600	2020.04
103	斉藤　　司	江戸周辺と代官支配＜近世史53＞	6800	2020.05
104	川勝　守生	近世日本石灰史料研究13	7600	2020.05
105	加賀藩ネット	加賀藩政治史研究と史料	7500	2020.05
106	入江　英弥	オトタチバナヒメ伝承	8400	2020.06
107	光田　憲雄	日本大道芸事典	22000	2020.07
108	由谷　裕哉	神社合祀再考	2800	2020.07
109	木本　好信	古代史論聚	12500	2020.08
110	久保田昌希	戦国・織豊期と地方史研究	7900	2020.09
111	野村　俊一	空間史学叢書３　まなざしの論理	3900	2020.10
112	西沢　淳男	飛騨郡代豊田友直在勤日記２＜史料叢刊14＞	7500	2020.11
984	飯澤　文夫	地方史文献年鑑2019	25800	2020.11
113	丹治　健蔵	日光道中の人馬継立負担	2700	2020.11
114	千葉・渡辺	藩地域の環境と藩政＜松代６＞	7800	2020.12
115	嶺岡　美見	法道仙人飛鉢伝説と海の道＜御影民俗23＞	8000	2020.12
116	岩井　正浩	高知よさこい祭り	5200	2021.01